*Lettres inédites
aux siens*

CHARLES BAUDELAIRE

—

Lettres inédites aux siens

présentées et annotées
par PHILIPPE AUSERVE

Bernard Grasset
Paris

ISBN 978-2-246-36043-8
ISSN 0756-7170

Charles Baudelaire / Lettres inédites aux siens

Charles Baudelaire est né le 9 avril 1821 à Paris, du second mariage de son père, Joseph-François, avec Caroline Archambaut-Dufays. Joseph-François mort en 1827, Caroline épousa un an plus tard le commandant Jacques Aupick. Baudelaire fit ses études au collège royal de Lyon, puis au lycée Louis-le-Grand à Paris, avant d'entrer à l'Ecole de droit. A dix-sept ans, il écrit Incompatibilité, *poème que l'on retrouve plus tard dans* les Fleurs du Mal. *Exaspéré par les dettes et les mauvaises fréquentations du jeune Baudelaire (amoureux de la Juive Sarah, surnommée Louchette), Aupick, devenu général, lui prescrit bientôt un changement d'air bénéfique : le 8 juin 1841, Charles doit embarquer sur le paquebot* les Mers du Sud *en partance pour Calcutta. Arrivé à la Réunion, Baudelaire n'ira pas plus loin, mais ce périple de dix mois aura au moins contribué à former sa sensibilité exotique. A son retour à Paris, il rencontre l'actrice Jeanne Duval. Cette liaison passionnelle et tumultueuse durera toute sa vie. En 1843, Baudelaire débute sa carrière littéraire avec des textes anonymes dans les journaux de l'époque, au* Tintamarre *et, probablement, aux* Mystères galants des théâtres de Paris; *il fréquente alors Théophile Gautier, Théodore de Banville et Sainte-Beuve. La même année il collabore encore anonymement au recueil collectif* Vers *dans la partie signée Prarond. Baudelaire ayant touché l'héritage de son père, ces premières années d'adulte auraient pu se passer dans le faste, mais le général Aupick, inquiet de le voir dilapider son patrimoine en livres, gilets, tableaux et bacchanales, fit désigner un conseil judiciaire, et Baudelaire, désormais réduit à toucher des mensualités, dut sérieusement réduire ses dépenses.*

Le Salon de 1845 *(critique de peinture) est sa première plaquette publiée (sous la signature Baudelaire-Dufays); un an plus tard, dans le* Salon de 1846, *il met Delacroix plus haut que tout. En 1847, son unique conte, « La Fanfarlo », est publié par le* Bulletin de la Société des gens de lettres. *C'est à cette époque que Baudelaire décide de traduire Edgar Poe. L'art, la littérature lui semblent plus essentiels que la politique et l'histoire : il monte sur les barricades de 48 sans ôter son chapeau ni ses gants. En 1851, la première version d'un chapitre des* Paradis *artificiels paraît dans le* Messager de l'Assemblée. *En 1855, Paris accueillant l'Exposition universelle, il « couvre » les salons de peinture comme journaliste; les études* Méthodes de critique, Eugène Delacroix *et* Ingres *lui permettent de préciser ses conceptions antiprogressistes. Le 1er juin de la même année est une date capitale : la* Revue des Deux Mondes *publie dix-huit poèmes sous le titre inédit « les* Fleurs du mal ». *Deux ans après, le recueil est mis en vente (27 juin 1857) et saisi quelques jours plus tard, à la suite d'un article violent, imbécile, de Gustave Bourdin du* Figaro. *En août, Baudelaire et son éditeur sont condamnés à des peines d'amende et à la suppression de six poèmes du recueil pour « outrage à la morale publique et aux bonnes mœurs ». Le*

17 février 1860, les Paradis artificiels *sont édités en volume. Du 26 août au 24 septembre 1862*, la Presse *publie vingt poèmes en prose sous le titre* « Petits poèmes en prose », *qui ne seront édités qu'après sa mort.* « Las de la France » *et désireux* « de l'oublier pendant quelque temps », *il part pour Bruxelles en avril 1864. Ses conférences sur Delacroix et Gautier laissent froids les Belges ; il prend des notes afin de composer un pamphlet contre un pays et un peuple qui l'accueillent si mal. La déception, la maladie commencent à le miner tandis qu'en France, Mallarmé et Verlaine étudient son œuvre et la célèbrent ardemment... En 1866, Baudelaire tombe dans l'église Saint-Loup de Namur, victime d'une attaque cérébrale : frappé d'hémiplégie, il est soigné à Bruxelles, puis rapatrié en juillet à Paris, où il entre dans une maison de santé. Invalide mais disposant de toutes ses facultés intellectuelles, il reçoit la visite de ses plus proches amis : Nadar, Banville, Leconte de Lisle, etc. Il meurt le 31 août 1867. Il est inhumé le 2 septembre au cimetière du Montparnasse.*

Préface

Beaucoup d'hommes illustres ne demeurent dans l'Histoire qu'autant qu'ils nous forcent de les estimer, ou bien que nous nous étonnons ou nous amusons de ce qu'ils ont fait. Mais Baudelaire est au nombre, très petit, de ceux qui touchent un chacun bien plus puissamment, par je ne sais quoi de pleinement humain, comme fait aussi Pascal. Certains diraient même que depuis qu'il est passé parmi nous et qu'il a parlé, les cœurs ne sont plus tout à fait ce qu'ils furent, comme si ce poète avait su, non point les changer, mais les éclairer profondément sur eux-mêmes ; il y a des êtres qui peuvent penser qu'ils ont désormais droit de cité, mieux, qu'ils sont justifiés, parce qu'un homme enfin est venu qui a hautement proclamé des vérités que les autres voilaient hypocritement ou savaient fort bien ignorer.

Empressons-nous d'ajouter que si, en Baudelaire, l'homme peut paraître avec raison singulièrement considérable, le poète (on nous passera cette distinction un peu vaine sans doute, mais commode), le poète lui-même a si fortement marqué les lettres françaises qu'après lui toute notre poésie a pris un cours nouveau, dans la direction qu'il lui avait montrée ; on a dit maintes fois ce que Verlaine, Rimbaud ou Mallarmé doivent aux Fleurs du Mal, *pour l'inspiration comme pour la forme poétique.*

Il était bien naturel qu'un tel homme fût l'objet d'une étude approfondie et passionnée ; et l'on trouve en effet surabondance d'éditions critiques, gloses, récits, biographies, iconographies ; tout ce qui concerne le poète, ou sa famille, ou ses liaisons, est fort prisé ; il y a longtemps qu'on a recherché et inventorié jusqu'aux moindres documents, qu'on les a publiés, analysés et à l'envi commentés ; les notes des blanchisseuses et des restaurateurs ont dû livrer toute leur substance ; on peut croire que rien n'a échappé à l'investigation patiente et minutieuse des chercheurs et des curieux et qu'il y a bien peu de chance qu'on retrouve jamais des pièces disparues maintenant depuis un siècle, à moins de miracle.

*

Qu'une centaine de lettres soient tout à coup retrouvées, n'est-ce pas un miracle ? Deux érudits, après trente années de quêtes assidues et d'un labeur énorme, avaient publié une Correspondance générale *qui recueillait près de onze cents lettres du poète, écrites depuis sa vingtième année jusqu'au moment de la ruine finale de sa santé. Une liasse leur avait pourtant échappé, constituée presque uniquement par des lettres d'avant la vingtième année ; ils ne purent pas même soupçonner qu'elles existaient. Au reste, il est si rare que l'on conserve la correspondance d'un enfant !*

Charles, outre qu'il dut être un enfant charmant, sut faire naître sans doute en ceux qui l'élevaient de l'admiration pour sa sensibilité exquise et pour la vivacité et la délicatesse de son esprit. Les épîtres qu'il

*écrit à douze ans ou à quatorze sont non moins gra-
cieuses, alertes et bien pensées qu'affectueuses, et l'on
comprend que ses correspondants les aient gardées;
qui sait, peut-être autour de lui sentait-on qu'il était
quelqu'un ? Quand il fut jeune homme, on eut d'autres
motifs moins plaisants pour mettre de côté ses billets et
ses lettres : M. Baudelaire, son demi-frère, en homme
de loi sage et avisé, les classait et les serrait comme
pièces qui aux jours de conseil de famille devaient
constituer de sûrs témoignages; et il avait soin de
joindre à chaque lettre le double de sa propre réponse.
Ensuite ni la mère du poète, ni les Ducessois, ses
héritiers collatéraux, ne détruisirent ou ne dispersèrent
négligemment ces papiers, mais ils se soucièrent de les
conserver. Non par une sorte de culte : pour sa famille
Baudelaire ne fut point une illustration glorieuse; le
scandale de sa vie, et son œuvre « offensant la morale
publique » (M. le substitut Pinard) avaient choqué,
pour ne point dire blessé, ces personnes pour qui
l'ordre, la bienséance et la discrétion importaient
d'abord; certes elles n'ignoraient pas combien les
lettrés estimaient Baudelaire, et comprenaient qu'il
était bien devenu un grand homme, mais grand homme
de façon singulière et trop différente de celle du général Aupick, par exemple, parcourant une fort belle
carrière militaire et diplomatique et finissant dans la
gloire sénatoriale* [1].*

*Mme Aupick, qui mieux que les autres sans doute sut
découvrir le génie de son enfant, ne put cependant
jamais lui passer certains écarts : quand les amis du*

---

1. Baudelaire ne le sentait-il pas? Comment expliquer sa candidature extravagante à l'Académie française, sinon par le désir de *se
mettre en règle* ?

poète, après sa mort, rééditèrent les Fleurs du Mal, *ils durent batailler ferme pour qu'elle consentît à laisser imprimer les vers du* Reniement de saint Pierre *qui à son sens offensaient la religion, troublaient le bon ordre.*

Et, bien plus tard, Marie-Anne Ducessois, qui eut entre les mains la plupart des lettres de Baudelaire aux siens, ne pouvait souffrir qu'on parlât devant elle du poète. Elle était restée demoiselle et, fort dévote, habitait le quartier de Saint-Sulpice. Quand ses jeunes neveux voulaient lui faire malice, ils savaient bien quoi dire : « Tante, parlez-nous du cousin Baudelaire. » Et la pauvre femme de se couvrir d'une main les yeux, et de faire le geste de repousser quelque monstre, en murmurant : « Quelle horreur ! Quelle horreur ! » Finalement, ne voulant point, selon ses propres paroles, garder le diable chez elle, elle brûla un grand nombre de lettres qu'elle ne jugeait pas convenables *et se résolut à céder celles qui restaient à Jacques Crépet, qui les donna au public.*

Mais achevons l'histoire du miracle. La liasse qui nous occupe, conservée de génération en génération, sinon avec amour, du moins avec soin, faillit pourtant être détruite. La maison où elle se trouvait fut bombardée pendant la dernière guerre ; le plafond de la bibliothèque s'effondra, une partie de la toiture suivit ; les décombres recouvrirent livres et archives ; on regarda tout comme perdu. Dix ans plus tard, des maçons qui relevaient les murs rapportèrent un petit paquet bien enveloppé de toile cirée, qu'ils avaient trouvé sous du plancher à demi pourri – cent lettres de Baudelaire.

*

C'est un enfant de onze ans qui écrit le premier billet ici présenté ; la plupart des autres lettres sont d'avant *la vingtième année. Pour ce moment de la vie du poète,* la Correspondance générale *n'offre que trois lettres ; mais elle est, dès les vingt et un ans, fort riche et à peu près complète.*

Aujourd'hui Baudelaire est peut-être le seul écrivain de qui l'on possède toutes *les lettres, ou peu s'en faut.*

Est-il besoin de dire l'extrême importance des documents sur l'enfance et la jeunesse d'un grand homme ? Mais écoutons Baudelaire justement : « Tous les biographes ont compris, d'une manière plus ou moins complète, l'importance des anecdotes se rattachant à l'enfance d'un écrivain ou d'un artiste. Mais je trouve que cette importance n'a jamais été suffisamment affirmée. Souvent, en contemplant des ouvrages d'art, non pas dans leur matérialité facilement saisissable, dans les hiéroglyphes trop clairs de leurs contours ou dans le sens évident de leurs sujets, mais dans l'âme dont ils sont doués, dans l'impression atmosphérique qu'ils comportent, dans la lumière ou dans les ténèbres spirituelles qu'ils déversent sur nos âmes, j'ai senti entrer en moi comme une vision de l'enfance de leurs auteurs. Tel petit chagrin, telle petite jouissance de l'enfant, démesurément grossis par une exquise sensibilité, deviennent plus tard dans l'homme adulte, même à son insu, le principe d'une œuvre d'art. Enfin, pour m'exprimer d'une manière plus concise, ne serait-il pas facile de prouver, par une comparaison philosophique entre les ouvrages d'un artiste mûr et l'état de son âme quand il était enfant, que le génie n'est que l'enfance nettement formulée, douée maintenant, pour s'exprimer, d'organes virils et puissants ? »*

Que savons-nous avec certitude sur l'enfant et l'adolescent que Baudelaire fut ? Que pouvons-nous connaître des pensées, des sentiments, des états d'âme qui

*furent siens en ces âges de la vie ? Fort peu de chose. Il
faut sans doute se défier de ce que le poète lui-même
nous livre dans une note biographique et en quelques
rares endroits de son œuvre : il était d'un naturel trop
passionné pour que ses amours et ses haines fussent
toujours fondées en raison, et ses jugements parfaitement équitables. En tout cas on doit écarter les fables,
les savantes compositions, les élucubrations des gens
trop instruits de tout. On ne devrait pas se satisfaire,
faute de documents sûrs, du vain travail de l'imagination.*

*Nous connaissons un peu mieux les événements de la
jeunesse de Baudelaire ; nous avons des renseignements
sur les origines du poète, les affaires domestiques qu'il
vécut, ses rapports avec ses parents. Il n'est pas à
propos de raconter ici sa vie : des hommes d'un grand
savoir et d'un esprit plein de probité – oublions les
autres – l'ont fait. Enfin les lettres qu'on va lire apportent des lumières nouvelles tant sur les faits qui mar-
quèrent la vie de Charles que sur les impressions qu'ils
laissèrent dans son esprit, tant sur les personnes qui
l'entouraient que sur les divers sentiments qu'il eut
successivement pour elles. Laissant aux esprits per-
çants, ou simplement téméraires, le soin d'interpréter,
de suppléer à tout ce qui manque et de reconstruire à
l'infini, contentons-nous de considérer un moment
l'histoire du jeune âge du poète et de regarder ceux qui
la firent ou y participèrent.*

*

*Et d'abord évoquons une ombre qui sans doute
n'inquiéta guère cette jeunesse, mais qui plus tard
revint et fut pieusement accueillie. François Baudelaire*

avait été jeune sous le règne de Louis XVI ; il comptait trente-quatre ans de plus que sa femme, et soixante-deux ans lorsque Charles naquit, en 1821. C'était un véritable honnête homme, galant, d'une politesse exquise ; homme d'esprit aussi, qui avait fréquenté Condorcet et Cabanis. Il avait commencé par être précepteur chez les Choiseul-Praslin, et finissait sa vie comme chef de bureau dans l'administration du Sénat. Plein de goût pour les arts, il dessinait, agréablement, peignait même (« un détestable artiste » dira Charles) ; on peut penser que c'est de lui que son fils tient son « goût permanent depuis l'enfance de toutes les représentations plastiques », qu'il juge bon de faire remarquer dans une note autobiographique. Enfin une des lettres qu'on va lire nous apprend que cet ami des Muses ne néglige point de faire des vers (qui n'en faisait, au XVIIIᵉ siècle ?). Sa petite enfance passée auprès de cet homme d'une autre époque, Baudelaire la peindra par quelques mots : « Enfance : vieux mobilier Louis XVI, antiques, consulat, pastels, société XVIIIᵉ siècle. »

Charles avait six ans quand son père mourut. Quels souvenirs sa mémoire devait-elle garder de lui ? Nous savons seulement que dans tous ses déménagements le poète eut soin d'emporter le portrait de ce père peu connu ; qu'aux heures sombres il parlait à ce portrait ; et qu'il se promit un jour de prier chaque matin son père, « comme intercesseur ».

D'un premier mariage, M. Baudelaire avait eu, outre un assez bel héritage, un fils qui fut appelé Claude et Alphonse ; ce demi-frère de Charles, plus âgé que lui de seize ans, fit son droit et parcourut une sage carrière de magistrat, à Fontainebleau. Il avait épousé Félicité Ducessois, celle que notre Baudelaire dans ses lettres appelle « ma sœur », et pour qui, au sortir du collège, il

aura de l'inclination. On a longtemps cru que dans le
cœur de Charles, il n'y avait jamais eu de place pour
son frère. Il est exact que plusieurs fois le poète a écrit
des choses fort dures : « Je connais peu mon frère – il
n'a pas vécu en moi ni avec moi. » Ou encore : « Le
crime de mon frère s'appelle sottise... Ma répulsion à
l'endroit de mon frère est si vive que je n'aime pas
m'entendre demander si j'ai un frère... Sa nullité
politique, scientifique, ses opinions cyniques sur les
femmes... tout, tout enfin me le rend étranger. » Il est
exact aussi que Charles, ayant appris qu'Alphonse
avait eu une attaque et que ses jours étaient en danger,
ne fit point le voyage de Fontainebleau pour lui rendre
visite, et ne le fit pas davantage pour assister, en 1862,
à ses obsèques ; il ne l'avait pas revu depuis vingt ans.

Or une bonne part des lettres qui forment ce volume
sont adressées à ce frère ; le ton est affectueux, parfois
tendre ; faut-il donc croire qu'il n'est pas dû à de
l'amitié, mais au pur sentiment des convenances ? La
question se posera de la même façon tout à l'heure, à
propos du général Aupick.

Le général Aupick ! M. Baudelaire mort, la mère de
Charles n'attendit pas deux ans pour se remarier : il
faut dire qu'elle n'avait que trente-quatre ans. Cette
fois elle épousait un homme de son âge, Jacques Aupick, brillant militaire qui avait montré son courage sur
tous les champs de bataille de l'Empire, en Autriche, en
Espagne, en France, et à Waterloo. Cet homme valeu-
reux ne se démentit jamais : il devint successivement
chef d'état-major de la division de Lyon, de celle de
Paris ; commandant à l'école d'Application d'Etat-
Major, puis au département de la Seine et à la place de
Paris, puis à l'école Polytechnique ; ambassadeur à la
Porte, à Madrid ; sénateur enfin. Ajoutons qu'il était,

*comme on dit, fils de ses œuvres, né sans fortune, et
devenu très tôt orphelin.*

*Ce beau-père dut en imposer à Charles qui confie
qu'étant enfant il souhaitait d'être pape, « mais pape
militaire », et n'hésite point à écrire encore : « Il n'y a de
grand parmi les hommes que le poète, le prêtre et le
soldat. L'homme qui chante, l'homme qui bénit, l'homme
qui sacrifie et se sacrifie. » A cette gloire qui sut plaire à
sa mère, Charles fut également sensible. On voit plus
d'une fois dans ses lettres qu'il est honteux et malheureux de découvrir ses faiblesses, son indignité à son
beau-père ; il lui avoue : « Selon son habitude, M. Massoni m'a chargé de compliments désolants. Car, entre
nous deux, nous savons ce que je suis... » Une autre fois
il écrit à sa mère : « Je n'ai pas osé le dire complètement
à mon ami* [1]*, ni me montrer à lui dans tout mon laid. »*

*En cet enfant qui se croyait coupable d'infériorité
put naître un douloureux sentiment : un jour Baudelaire
dira que le général lui avait inspiré de la* crainte.

*On a trouvé que l'enfant fut surtout jaloux du mari
de sa mère ; et l'on a analysé, psychanalysé indéfini-
ment, de reste raisonné et extravagué ; maman et fils
avaient vécu ensemble le temps du veuvage, seuls, l'un
pour l'autre. « Il y a eu dans mon enfance une époque
d'amour passionné pour toi... De longues promenades,
des tendresses perpétuelles !... Ah ! ç'a été pour moi le
bon temps des tendresses maternelles. Je te demande
pardon d'appeler bon temps celui qui a été sans doute
mauvais pour toi. Mais j'étais toujours vivant en toi ; tu
étais uniquement à moi. Tu étais à la fois une idole et
un camarade. » Il est trop clair que cet* amour passionné *passe quelque peu le simple amour filial.*

---

1. Ainsi appelait-il parfois M. Aupick.

M. Aupick vint, qui troubla cette félicité. Sans doute fut-il inquiet, non sans raison, de la sensibilité extrême de son beau-fils et jugea-t-il que le remède était d'éloigner l'enfant de sa mère. Charles fut mis pensionnaire, à Lyon d'abord, puis à Paris. On lit dans la note biographique : « Après 1830, le collège de Lyon, coups, batailles avec les professeurs et les camarades, lourdes mélancolies. Retour à Paris, collège et éducation par mon beau-père (le général Aupick). » *Le poète va jusqu'à dénoncer un jour l'*atroce éducation *que le général voulait lui faire ; dans une page de critique littéraire, il ne peut retenir un soupir :* « Combien de natures révoltées ont pris vie auprès d'un cruel et ponctuel militaire de l'Empire ! ».

On connaît la suite de l'histoire. Charles, renvoyé du lycée Louis-le-Grand, commence à mener une vie déréglée et à dissiper son patrimoine ; il se révolte contre les remontrances du général qui, après quelques éclats pénibles, essaie encore une fois de l'éloignement : le jeune homme est embarqué pour les Indes. De son voyage il ne rapporte que la résolution raffermie de se conduire comme il l'entend ; et il abandonne le foyer familial, maudissant son beau-père. En février 1848 ses amis l'entendront même crier, dans la rue, aux insurgés : « Il faut aller fusiller le général Aupick. »

On a essayé de réhabiliter la mémoire de cet homme que ses contemporains louaient de son honnêteté et de sa droiture ; vainement. Les protestations de Baudelaire se font trop bien entendre. De plus, dans la littérature, M. Aupick est victime d'une rencontre fâcheuse ; à peu près dans le même moment qu'il luttait contre Charles, un autre beau-père se faisait tristement connaître, vrai bourreau, celui-là : M. Murdstone, qui, aussitôt qu'il a épousé la trop faible Mrs. Copperfield, entreprend l'éducation de son beau-fils, David : « Voilà un drôle que je veux dompter, et quand même cela devrait lui coûter tout le sang qu'il a dans les veines j'en viendrai à bout. » Et l'on se rappelle que David aussi connaît vite le dur règlement de la pension. Mais le général Aupick ne tâcha point de s'emparer des biens de son beau-fils, qu'il administra au contraire avec une exemplaire honnêteté, et ne fit pas mourir son épouse.

Mme Aupick, souvent partagée entre son amour pour son mari et son amour pour son enfant, conserva les deux. Pourtant Charles ne lui épargna pas plaintes et accusations ; il sut parfois être cruel même : on lira des billets, écrits dans le fort de la révolte, d'une dureté atroce. Dans les temps de paix et de bonne entente, il ne pouvait s'empêcher de faire encore des reproches : comment une mère peut-elle souffrir que son fils soit accablé d'un conseil judiciaire ? « Epouvantable faute qui a ruiné ma vie, flétri toutes mes journées et donné à toutes mes pensées la couleur de la haine et du désespoir », s'écrie le poète ; et il implore la miséricorde de sa mère : « Si ton imagination te permet de deviner ce que j'endure, pense au conseil judiciaire. – Veux-tu me faire mourir là-dedans ? » Découragé, désespéré, il se prend à murmurer : « Ma mère ne me connaît pas, elle m'a à peine connu ; nous n'avons pas eu le temps de vivre ensemble. »

Et l'on reconnaît la grande querelle : tu m'as fait une enfance solitaire, abandonnée, douloureuse de pensionnaire, d'orphelin. Certes j'ai eu quelques moments heureux ; tout enfant sait inventer le bonheur. Mais quelles grandes, quelles profondes tristesses !

Ma jeunesse ne fut qu'un ténébreux orage,
Traversé çà et là par de brillants soleils.

Sur le jeune âge de Baudelaire, et sur ses proches, voilà tout, à peu près, ce que nous avons appris.

*

Quand on lit les notes amères ou vengeresses que Baudelaire a laissées, et les amplifications qu'ont commises ses biographes, vraiment les commencements de sa vie paraissent tristes : mélancolique enfance, sombre jeunesse. Mais c'est, comme l'a dit un critique, que le poète ne parle point de ses souvenirs heureux. Il pouvait en avoir, cependant : les lettres qu'on va lire en apportent la preuve.

Bien loin que Charles soit un petit garçon maussade, tout en lui respire la pétulance et la bonne humeur ; il est toujours en mouvement, à courir, à sauter, et d'ordinaire fort gai ; à dix-sept ans, il garde un caractère jeune : « Il paraît que je n'ai pas du tout l'air d'un philosophe, il n'a tenu qu'à un fil que je redoublasse ma rhétorique. J'ai beau prendre un air grave, mon père et ma mère s'obstinent à me trouver un enfant. » On ne doit point se le représenter comme un de ces adolescents romantiques moroses, farouches, déjà mûris et endurcis.

Il goûte vivement les plaisirs que connaît tout écolier, les joies que tout enfant reçoit abondamment : une place de premier, un accessit, une camaraderie chère, une sortie agréable, les grandes vacances, le premier voyage qu'on fait seul. Il peut écrire : « Je suis fou de joie ! »

Nous ne nions point qu'il a ses misères. Mais songeons que sa sensibilité extrême les a sans doute exagérées. Après la sortie du jeudi, ou le dimanche soir, quand on retrouve l'étude, le cœur devient lourd : le collège est alors une prison, les élèves de méchants compagnons ; on doit reprendre le fardeau des leçons mal sues, des devoirs pas faits, des pensums ; on est mis en retenue : il faut écrire aux parents, avouer les mauvaises notes, les places humiliantes ; maman, fâchée, ne se montrera plus au parloir. On va bien jusqu'à désespérer.

Que de lettres sont remplies d'excuses, de prières, de protestations ! On est surpris de trouver cet enfant toujours en défaut ; toujours il lui faut gagner un pardon, pour avoir remis de jour en jour la lettre à écrire à son frère, pour des résultats médiocres, pour trop d'indiscipline.

D'ailleurs, Charles n'est pas un mauvais élève ; quand il veut, il peut faire de brillantes compositions et mériter une couronne dans les concours ! Il est un esprit assez distingué pour que ses maîtres le remarquent et que ses parents soient fiers de lui : un professeur lui dit pompeusement (et son style amuse Charles) : « Travaillez donc les vers latins ; c'est une corde d'avenir que vous cassez » ; un jeune répétiteur lui propose de lui prêter des livres. En 1833, M. Aupick écrit à un ami : « J'ai retrouvé ma femme bien portante, ainsi que mon mioche qui vient d'entrer en quatrième. Il nous donne satisfaction et contribuera à notre bonheur à venir. » Il dit encore, en présentant Charles au proviseur de Louis-le-Grand : « Monsieur, voici un cadeau que je viens vous faire ; voici un élève qui fera honneur à votre collège. »

Le plus souvent, la bonne entente peut régner entre les parents et l'enfant, qui, écrivant à sa mère, l'appelle amour, et ne ménage point à son beau-père les doux noms de papa, mon bon père, mon ami de cœur. On

trouve de la passion pure dans les lettres à Mme Aupick,
et de la véritable tendresse dans celles qu'il écrit au
général et à son frère. Il est vrai que lorsque nous
écrivons à une personne, nous tâchons habituellement
de lui plaire, de ressembler à l'image qu'elle se fait de
nous, de lui offrir ce qu'elle attend de nous; mais
Charles, très jeune, déclare déjà qu'il ne sait pas
flatter, et en effet ne se montrera guère hypocrite dans
toute sa vie. On peut donc croire à la sincérité de ces
épanchements du cœur. Au reste, pourquoi l'enfant ne
serait-il pas satisfait de son père, tout au moins plein de
reconnaissance envers lui? Car ce militaire se montre
bien indulgent, jusqu'à la faiblesse : il promet plus de
récompenses pour du bon travail que de châtiments
pour la paresse : cinq francs chaque fois qu'on sera
dans les six premiers, un fusil de chasse si l'année est
bonne, un phénakistiscope [1] ; et Charles n'est pas privé
de leçons de danse, de patin, d'équitation, de nage; à
la fin de sa rhétorique il fait un long voyage dans les
belles régions de France. Cette bonté continue à
s'exercer pendant les premiers écarts, même; lorsque
Charles est renvoyé de Louis-le-Grand, le général
n'use pas de rigueur envers son beau-fils, mais il
emploie son crédit à le faire admettre comme externe à
Saint-Louis et continue à lui adresser des lettres pleines
d'amitié, ce qui ne manque pas de toucher le jeune
homme : « Je te remercie bien de la lettre que tu viens
de m'écrire; elle est si bonne, si affectueuse... Tu me
grondes avec tant de bonté et d'indulgence... Il me
semble que c'est la meilleure que j'ai reçue de toi. »

---

1. « Ancêtre du cinéma », comme il est dit dans le petit Larousse.
Aujourd'hui, une caméra ou un magnétophone feraient un cadeau
équivalent.

*Charles n'a point de motif de se plaindre, et en effet il
ne se plaint nullement.*

*Ses sentiments ne changent qu'au moment du voyage
aux Indes. Alors, dans ses lettres à sa mère, il dit avec
froideur le* général, *et non plus* l'ami de cœur; *et au
retour de sa navigation, ses premiers mots pour
M. Aupick seront une accusation :* « Je ne rapporte pas
un sou et j'ai souvent manqué des choses nécessaires. »
C'est le début des récriminations et des sarcasmes.

*Mais on peut dire que, dans toute sa jeunesse, Baude-
laire n'eut point de haine pour les siens, pas plus que
de bonnes raisons de les haïr; il savait déjà ricaner – le
proviseur de Louis-le-Grand s'en aperçut –, mais le
général ne lui donna point l'occasion d'exercer son
« réel talent d'impertinence »; ce n'est qu'après que la
vie l'eut rudement mené que Baudelaire prit cette
bouche mince et amère, aux lèvres serrées, et ce sourire
sardonique qu'on peut voir sur ses portraits, qui rappelle le rictus de Voltaire.*

*Baudelaire eut sans doute une enfance semblable à
beaucoup d'autres. Quel enfant n'a point souffert d'être
exilé du foyer familial et relégué dans une pension?
Mais fait-on pour cela des reproches continuels à ses
parents? Nourrit-on une rancune perpétuelle? Les
récompenses, les cajoleries réparent tout bien vite, et le
sentiment qu'on n'est point abandonné. Il y a nécessai-
rement dans une vie d'enfant des chagrins et du bonheur, une part de misères et une part de joies; presque
toujours l'équilibre se fait entre les deux; il semble
qu'il se fît pour Charles aussi.*

*D'où vient alors que le poète n'a gardé de ses jeunes
années qu'un souvenir mélancolique, ou du moins qu'il
nous a fait de ce temps de sa vie une peinture si sombre? Pourquoi n'a-t-il pas considéré les bienfaits du*

*général, et n'a-t-il conservé qu'un ressentiment de tout
ce qu'il put faire ? Il ne faut point oublier que le poète
eut bientôt l'esprit aigri par une vie dure ; que la
maladie, qui ne laissait guère de repos à son corps,
travaillait fort sa tête ; et que dans les accès du mal il
prenait les choses du côté fâcheux et voyait tout noir.
Enfin, en dressant accusation contre ceux qui l'avaient
élevé, peut-être voulait-il ne point faire peser sur lui seul
le poids de ses échecs : son éducation, ceux qui l'avaient
faite, son beau-père, son frère étaient cause de son
malheur ; il se le persuadait, il le croyait sincèrement.
Mais quand il retrouvait un moment lucide, il reprochait
seulement à son beau-père de la maladresse :* « ... Je l'ai
cependant aimé, et d'ailleurs j'ai aujourd'hui assez de
sagesse pour lui rendre justice. Mais enfin il fut opiniâ-
trement maladroit. » *Alors ce n'était plus à l'*atroce
éducation *qu'un* militaire cruel *lui avait donnée qu'il
attribuait ses misères, mais à lui-même :* « Ma malheureuse éducation a été cruellement interrompue par
toutes mes sottises et toutes mes tribulations. »

*Sans doute faut-il voir d'abord dans la tristesse de
son enfance et les tourments de sa vie les effets de son
caractère : les lettres qu'on va lire nous y invitent. De
sa nonchalance, de ses relâchements éternels, Baudelaire ne cessera de souffrir ; dans sa jeunesse il se
laisse déjà éblouir par le* « soleil de la paresse », *comme il dit, et redoute la* vie, *les soins assidus qu'elle
nécessite, l'application fidèle au travail choisi ; il
notera un jour qu'il avait senti dès l'enfance deux
sentiments contradictoires,* « l'horreur de la vie et
l'extase de la vie ». *Et à douze ans on le voit en effet,
entraîné par ses appétits et enchaîné par sa volonté
débile, se débattre, comme il fera toujours. Il est difficile de ne point le reconnaître lui-même dans le portrait*

qu'il fait de Samuel Cramer, héros de la Fanfarlo :
« Comment vous mettre au fait, et vous faire voir bien
clair dans cette nature ténébreuse, bariolée de vifs
éclairs –, paresseuse et entreprenante à la fois, –
féconde en desseins difficiles et en risibles avorte-
ments ; – esprit chez qui le paradoxe prenait souvent les
proportions de la naïveté, et dont l'imagination était
aussi vaste que la solitude et la paresse absolues ? »

Quel remède, quelle éducation, quelle hygiène eus-
sent été efficaces contre ce mal de l'âme, cette prédes-
tination ?

Il ne faut pas, considérant seulement sa paresse,
oublier la solitude de Baudelaire. Il dit dans une note
de Mon cœur mis à nu : « Sentiment de solitude, dès
mon enfance. Malgré la famille, – et au milieu des
camarades, surtout, – sentiment de destinée éternelle-
ment solitaire. » Mais abandonnons à de plus éloquents
le soin d'enfiler de belles phrases sur la solitude du
génie et de rappeler ingénieusement l'exil du poète et
l'Albatros !

*

Ce livre prend fin avec une dizaine de lettres à
Mme Aupick écrites bien après les autres. Le temps des
reproches, des querelles, de l'éloignement du cœur est
fini ; l'apaisement s'est fait ; la tendresse enfin peut se
déclarer. Pourtant ce n'est pas le bonheur ; on sent
qu'il est trop tard, que tout va finir, que tout est con-
sommé. On lit des choses navrantes : « Il y a quinze
mois que nous ne nous sommes embrassés, et j'ai tous
mes cheveux gris, à ce point que je pense à les poudrer
pour les rendre blancs. Ne ris pas de moi en voyant ces
fatuités de vieillard. »

*

Faut-il faire remarquer la beauté de ces lettres ? On s'étonne qu'elles soient si bien tournées. Un enfant de douze ans, même un jeune homme n'écrivent point ainsi aujourd'hui ; mais apprend-on encore à écrire ? Et puis Charles ne fut pas un enfant ordinaire, et l'on découvre aisément dans ces pages les signes du génie. On va lire bien des récits alertes, des réflexions fines et fortes, et le premier Salon, *et les premières critiques littéraires, et les premiers vers ; on découvrira les pensées et les sentiments ; on décèlera l'âme.*

*

Il n'était point question de faire ici un portrait de l'enfant et du jeune homme que fut Baudelaire ; c'est bien impossible : que sait-on ? Lisant ces lettres, certains imagineront un Baudelaire selon leur fantaisie en retenant tels traits, en négligeant le reste et en devinant avec trop de clairvoyance, semblables à ceux qui dans les ouvrages qu'ils lisent soulignent des phrases où ils veulent reconnaître leur pensée ou leurs sentiments, qui dans les livres s'attachent seulement à se chercher et ne trouvent en effet que ce qu'ils possèdent déjà.

Il faut nous contenter sagement du peu de lumières nouvelles qui nous est apporté et accepter qu'il subsiste bien des ombres ; il faut nous féliciter de connaître à présent un peu mieux l'enfance de Baudelaire et de pouvoir désormais rêver, sans trop déraisonner, sur l'enfant qu'il fut.

Murol, le 3 janvier 1966.

Note sur la présente édition

Afin de présenter un texte agréable et facile à lire, nous avons pris le parti de rectifier, avec l'économie la plus attentive, l'orthographe et la ponctuation des originaux.

Il n'était pas question de donner au public une édition « savante », où le texte se trouve réduit à cinq lignes en haut de la page suivies d'un apparat critique redoutable qui ne laisse échapper aucun jambage, aucune virgule au commentaire – rudis indigestaque moles.

Au reste, les corrections portent sur très peu de chose : Baudelaire dès son enfance écrivait bien, dans tous les sens de l'expression. Quant aux erreurs et aux étourderies d'un écolier, elles semblent dignes d'un intérêt très limité.

Partout où l'orthographe ancienne subsistait, nous l'avons modernisée, transcrivant hasard pour hazard, ou guère pour guères.

Maman et papa ont ou n'ont pas de majuscule ; avec le regret de supprimer l'occasion pour de profonds esprits de déductions hardies et puissantes, nous avons résolu de nous soumettre au code typographique en usage et de laisser partout la minuscule. De même, nous avons unifié les noms propres et toujours mis M. et Mme pour les divers monsieur, Monsieur, M., Mr, etc.

Nous avons transformé en points les tirets par les-quels Baudelaire termine le plus souvent ses phrases, et ajouté quelques virgules indispensables. Est-il besoin de préciser que ces tirets épistolaires n'ont aucunement la valeur de ceux qu'on trouve dans les vers et auxquels le poète tenait fort, avec raison : ils ne sont que l'indice d'une plume qui court vite sur le papier.

Il va sans dire que nous n'avons point touché aux fautes graves, aux entorses à la syntaxe, aux bizarre-ries, aux obscurités. Nous les avons signalées par le sic *traditionnel. Les substitutions absolument nécessaires pour comprendre le texte ont été placées entre crochets.*

Dans une date, les crochets indiquent que le jour, le mois ou l'année ont été établis par nos soins. Lorsque le lieu n'est pas précisé, c'est qu'il s'agit de Paris.

Ont été imprimés dans un corps plus petit les textes qui ne sont pas de la main de Baudelaire.

Les notes, rejetées à la fin du livre, ont été réduites le plus possible et n'ont d'autre but que de donner des éclaircissements indispensables. Pour plus de rensei-gnements, il faut se reporter à celles, si riches, de la Correspondance générale, *par Crépet et Pichois.*

Lettres

I

À M. BAUDELAIRE [1]

Paris, le 9 janvier 1832.

Mon frère,

Comme tu m'avais dit que tu voulais venir nous voir avant notre départ [2], j'ai demandé à maman le jour où nous partirions : elle ne le sait guère, mais elle m'a répondu que ce serait peut-être vendredi ; toujours, nous partirons plus tôt que plus tard ; ainsi tu pourras venir, je crois, mardi ou mercredi. N'oublie pas de dire bonjour à Théodore de ma part. Je t'embrasse ainsi que ma sœur. Adieu. Je ferme ma lettre.

Ton petit frère.

CH. BAUDELAIRE.

II

AU MÊME

Le 1ᵉʳ février 1832. Lyon.

Mon frère,

Tu m'as dit de t'écrire tous les premiers du mois et je remplis mon devoir.

Je te vais raconter mon voyage.

Première étourderie de maman : en faisant charger les effets sur l'impériale, elle s'aperçoit qu'elle n'a plus son manchon et s'écrie en faisant un coup de théâtre : – « Et mon manchon ! » Moi de lui répondre tranquillement : « Je sais où il est et je vais le chercher. » Elle l'avait laissé dans le bureau sur une banquette.

Nous montons dans la diligence, nous partons enfin. Pour mon compte, dans le premier moment, j'étais de fort mauvaise humeur à cause des manchons, des boules d'eau, des chancelières, des chapeaux d'homme et de femme, des manteaux, des oreillers, des couvertures, à force, des bonnets de toutes les façons, des souliers, chaussons fourrés, bottines, paniers, confitures, haricots, pain, serviettes, énorme volaille, cuillers, fourchettes, couteaux, ciseaux, fil, aiguilles, épingles, peignes, robes, jupons, à force, bas de laine, bas de coton, corsets les uns par-dessus les autres, biscuits ; pour le reste, je ne puis me le rappeler.

Tu sens bien, mon frère, que moi qui suis toujours en mouvement, toujours sur un pied ou sur l'autre, je ne pouvais pas bouger et *à peine* me mettre à la vitre.

Bientôt je redevins gai comme à l'ordinaire. Nous relayâmes à Charenton et continuâmes notre route ; je ne me rappelle guère plus les relais, aussi je passe au soir. Le jour étant tombé, je vis un bien beau spectacle : c'était le soleil couchant ; cette couleur rougeâtre formait un contraste singulier avec les montagnes qui étaient bleues comme le pantalon le plus foncé. Ayant mis mon petit bonnet de soie, je me laissai aller sur le dos de la voiture et il me sembla que toujours voyager serait une vie qui me plairait beaucoup ; je voudrais bien t'en écrire davantage, mais un *maudit thème* m'oblige de fermer ici ma lettre.

Ton petit frère.

CHARLES BAUDELAIRE.

N'oublie pas d'embrasser de ma part ma sœur et Théodore. Je t'enverrai la suite de mon voyage au premier mars. Maman et papa te disent bien des choses.

III

AU MÊME

[*Lyon, mars 1832.*] [1]

Mon frère,

J'en étais resté à Villeneuve la guerre (*sic*) et je continue mon voyage.

En partant de cette ville nous voyageâmes longtemps sur une grande route qui était d'un aspect monotone, ainsi que plantée de deux rangées d'arbres secs et sans verdure. Je ne me rappelle plus bien notre voyage, mais je sais que depuis nous eûmes de fréquentes montées et que l'on nous mit une fois dix ou onze chevaux; ne me rappelant plus bien, comme je te l'ai dit plus haut, je passe au moment où nous approchons de Châlon [2].

A l'approche de cette ville, il y eut une montée et nous descendîmes, maman, la domestique et moi. Comme il faut toujours que je sois en mouvement, que je coure et que je sois sur un pied ou sur l'autre, j'allais bien en avant, et de maman, et de la diligence. Bientôt je les perdis de vue tous les deux. Il faut avouer ici que j'étais fort content, car j'avais l'air d'un *Monsieur* seul sur la grande route de Châlon à Lyon.

Maman voulait rentrer dans la voiture et je n'étais pas là. J'entendis enfin sa voix qui me disait de revenir parce qu'elle voulait remonter dans la diligence et, lorsque je fus arrivé, j'entendis un des voyageurs prononçant ces paroles qui s'adressaient à moi : « Voici ce petit Monsieur qui court en avant, tout seul, sur la grande route. » Je ne pus m'empêcher d'être content de ce que l'on me donnait le nom de *Monsieur*. Le reste est trop joli et trop difficile à décrire pour que je n'y réfléchisse pas jusqu'à la première lettre que je t'écrirai.

Embrasse bien Théodore et ma sœur. Dis bien le bonjour de ma part à M. et Mme Ducessois. Réponds-moi je t'en prie.

Ton petit frère.

CH. BAUDELAIRE.

IV

AU MÊME[1]

1ᵉʳ avril 1832. Lyon.

Monsieur mon grand frère,

qui me blâmez si bien d'oublier de vous dire mon adresse, dites-moi donc votre numéro ! Pour moi je demeure place d'Henri IV, numéro 45.

Tu me demandes le nombre de notre classe; nous sommes de 44 à 47 en 6e [(2)]. Remarque-le bien, parce que cela peut m'excuser tant soit peu pour les places fort médiocres que j'ai eues. Il me coûte réellement de les dire. Allons, courage! Dans ma première composition j'ai été 28e et dans ma seconde 21e. Pardonne, je te prie, ces deux places fort médiocres pour quelqu'un qui a été second, il est vrai, en 7e.

Je ne crois pas que tu saches déjà qu'il y a bientôt une semaine passée que papa est à Grenoble et qu'il s'ennuie bien tout le jour à user des centaines de pages de papier.

Tu t'étonnes peut-être de ce que je t'écris sur du beau papier cassé rose; c'est que le papier de couleur est de grande mode à Lyon et que tout le monde a commandé une demi-livre de papier de couleur.

Tu me pardonneras aussi de ce que j'ai daté ma lettre du 1er avril, quoique je l'ai écrite le 2e; mais j'ai une excellente excuse à te donner : c'est que je l'ai recopiée; il est vrai qu'elle n'était pas tout à fait finie.

Allons, il faut que je fasse mon devoir; c'est ce qui m'oblige à fermer ma lettre bien plus tôt que je le voudrais. Maudite version et maudite analyse, qui m'obligez de fermer ma lettre si tôt! Va, je voudrais bien ne plus être à griffonner du latin. Allons il faut s'y résoudre. Bien des choses à ma sœur, Théodore, M. et Mme Ducessois. Je t'embrasse bien, et je vais faire tailler ma plume pour ma version.

CHARLES BAUDELAIRE

N'oublie pas ton adresse.

Je vous remercie, mon cher Alphonse, de ce que vous m'avez envoyé; j'en suis bien reconnaissante; les déboursés que vous avez

eus à faire, vous me les retrancherez sur le fermage de Neuilly [3].
Mon mari est à Grenoble, il ne reviendra que lorsque le désarme-
ment de la Garde nationale sera achevé ; en attendant je suis bien
tourmentée. Le choléra [4] aussi me cause de vives inquiétudes, je
tremble pour mes amis de Paris ; ménagez-vous bien, mon cher
Alphonse ; méfiez-vous de votre grand appétit, soyez bien raisonnable ; vous voyez que je vous parle en mère, car ce titre m'est trop
cher pour que je puisse jamais y renoncer. Mes compliments à
votre femme et à tout ce qui vous entoure.

C. AUPICK.

V

AU MÊME

[*Lyon*] *25 avril 1832, jeudi.*

Mon frère,

Maman est très paresseuse pour écrire, de manière
qu'elle m'a engagé à écrire avant le premier du mois en
appuyant cela de cette raison qu'il fallait te remercier
des actes que tu lui avais envoyés. C'est pourquoi je te
remercie ainsi qu'elle, et nous sommes enchantés tous
les deux de ta bonne santé. Excuse sa paresse en pensant que les rideaux l'entourent, parce que nous allons
déménager ;   notre   nouvelle   adresse   sera   *Rue
d'Auvergne, n° 6.* Tu vois que cette fois je n'ai pas
oublié mon adresse.

Réellement la peur du choléra te fait oublier la gram-
maire française ; pourtant je ne veux pas te citer tes
fautes, parce que voir le cadet apprendre l'orthographe
à l'aîné serait le monde renversé.

Papa part demain de Grenoble et sera à Lyon vendredi. Maman lui prépare des surprises ; pour moi, j'ai
acheté deux objets et lui donnerai à choisir. Ces deux
objets sont en premier lieu un cure-oreille et cure-dent
en ivoire, cure-dent qui me coûte 10 sous, et en
deuxième lieu une plume anglaise de Clays dans un étui
de bois des îles. J'ai fait aussi, pour remplir les petits
vases de chiffonnage qu'a faits maman, des allumettes
dont je t'envoie un exemplaire. C'est la mode à Lyon
d'en faire comme cela ; j'excelle déjà dans cet art, et ce
sera une surprise pour papa ; j'en ai mis des blanches,
des bleues, des rouges. Maman a rempli l'autre vase de
cure-dents.

Je ne sais pas comment j'ai tardé jusqu'à présent
pour te dire ma place de 13e en thème. Je te charge de
dire bien des choses de ma part à ma sœur, à Théodore
et à toute la famille. Bonsoir. Réponds-moi le plus tôt
possible.

Ton petit frère.

CH. BAUDELAIRE.

VI

AU MÊME[1]

[*Lyon, juillet 1832*].

D'après la lettre que vous avez écrite dernièrement à votre
frère, j'ai vu, mon cher Alphonse, que vous étiez très bien
portant et que vous étiez en sûreté à Fontainebleau tandis

qu'on s'escrimait à Paris ; nous étions inquiets ici pour vous. J'ai vu aussi que vous n'aviez pas reçu la lettre que je vous avais écrite : je vous priais de vouloir bien aller remettre à Mme Payen, marchande de modes rue du Bac, 26, la somme de 34 fr. et d'en prendre un reçu et de me l'envoyer ; mais dans le cas seulement où vous auriez touché de l'argent à moi de Neuilly, sinon je vous disais de regarder ma demande comme nulle et que j'enverrai de l'argent par la diligence. Répondez-moi un mot, je vous prie, le plus tôt possible, je vous serai obligée ; je vous embrasse de cœur ; mes compliments à votre femme. Je cède la place à Charles. L'heure me presse, je ne prends que le temps de vous dire que je suis navrée de la mort de M. Naigeon [2]. Cette perte m'est bien sensible. C'était un si excellent homme, et que j'aimais de tout mon cœur.

Mon frère,

Il faut bien que je t'écrive aussi, car il faut avouer que j'ai été bien paresseux. Je n'ai rien à te dire, si ce n'est que maintenant je déteste les Lyonnais, qu'ils ne sont pas propres, avares, intéressés, que j'ai eu de meilleures places, que j'ai été 8e, 9e, 11e, 14e en grec, 17e, 11e en grec, etc. Je me déplais horriblement à la pension, elle est sale, mal tenue, en désordre, les élèves méchants et malpropres comme tous les Lyonnais ; sur cinq Parisiens que nous sommes dans la pension, il n'y en a que deux que je puisse aimer, encore le dernier a-t-il passé presque toute sa vie à Marseille. Tu as oublié de me dire ton numéro ; pourtant j'espère que tu auras reçu la lettre. Adieu, [je] t'embrasse ainsi que toute la famille.

CH. BAUDELAIRE.

VII

AU MÊME

[Lyon] Lundi. Le 7 août [1832].

Mon frère,

Pardonne à ma paresse qui m'a fait oublier le premier du mois; mais tu es indulgent. Apprête[-toi] à apprendre bien des choses.

Notre logement est charmant; je t'engage à y venir; nous y avons reçu il y a quelques jours M. Chevassu et le frère de Mme Barthe. Mes places sont meilleures; nous composons maintenant pour les prix. Ce qu'il y a d'enrageant, c'est que si j'avais mis un *E* au lieu d'un *A*, j'aurais à coup sûr eu quelque chose et cet *A* dérange tout; ce qui me fait le plus enrager, c'est que le reste est bien; au reste, le professeur prendra peut-être cela pour une faute d'orthographe. Nous composons demain en thème; j'espère que je me relèverai. J'espère beaucoup en grec, pas du tout en géographie ancienne. Toujours, je ferai ce que je pourrai. J'ai été à la campagne hier (dimanche), ce qui m'a empêché de faire cinquante lignes mot-à-mot en pensum. Le bonheur a voulu qu'[on] oubliât de me les demander. Je tâcherai de les faire pour ce soir. Je me suis levé ce matin à 9 heures pour faire tous mes devoirs, si je le pouvais, car hier je n'avais fait que mon thème. Je viens de faire ma première communion. J'espère que je serai plus sage, et moins bavard en classe; c'est ce qui m'a valu le pensum des cinquante lignes mot-à-mot. Dans la promenade d'hier, j'ai bien mangé des pralines, des poires et des abricots. C'était aux eaux minérales de Charbonnières. Nous avons goûté de cette eau ferrugineuse, maman l'a trouvée détestable.

Adieu. Mille amitiés à toute la famille, embrasse ma sœur.

Maman et papa se rappellent à ton souvenir.

Ton cadet.

CHARLES.

VIII

AU MÊME

[Lyon] *Le 9 novembre 1832.*

Ah ! mon bon grand frère,

Je vois bien que vous êtes *non immemor.* Je te demande bien pardon d'avoir ainsi oublié les premiers du mois ; la seule excuse que je puisse te donner, c'est le papier que je te renvoie ; je te promets bien que c'est avec la plume que tu m'as donnée que je t'écris. Pourtant je pense que tu es miséricordieux, et que tu veux bien me pardonner, d'autant plus que toi-même tu as été un moment sans me répondre. Je suis enchanté que tu sois nommé *juge suppléant.* Dans ta première lettre, fais-moi la description de l'endroit où tu es, de la maison que tu habites, etc... Le cadeau est fort joli, on dirait que tu l'as envoyé pour me faire souvenir de toi.

Certes, je me serais souvenu d'un aîné si bon enfant sans le couteau ; pourtant je ne le refuse pas.

Je suis maintenant portant l'habit de collégien (*sic*). Je suis fort content d'être au lycée [1]. Je suis bien sûr que nos aïeuls n'avaient pas comme nous dans les collèges : confitures, compotes, pâtés au jus, tourtes, poulets, dindes et compotes, et encore tout ce dont je n'ai pas mangé.

M. Labie [2] vient de repartir de Lyon ; pendant son séjour nous l'avons mené sur le haut d'une tour d'où l'on découvre tout Lyon et ses environs. Le soir il est venu dîner chez nous avec le censeur du collège et mon professeur.

Je vais apprendre l'anglais et j'espère bien être bientôt en état d'entamer quelques conversations.

A propos, mon adresse est rue d'Auvergne N° 4, quartier Perrache (n'écris pas au collège). Allons il faut faire mon devoir de *Télémaque*. Ton cadet t'embrasse de tout son cœur ainsi que ma sœur et toute la famille, surtout Théodore. Ton cadet sera toujours *memor* de ta généreuse manière de te venger de sa négligence à t'écrire.

CH. BAUDELAIRE.

IX

AU MÊME

[*Lyon*] *Le 6* [*septembre*] *1832* [1].

Mon frère,

Qu'as-tu donc, que t'est-il arrivé, es-tu fâché contre moi, es-tu malade ? Voilà deux fois que je t'écris ; tu n'as donc pas reçu ma lettre ? Mais j'ai regardé dans une de tes anciennes lettres et j'y ai trouvé ton adresse. Pour celle que je t'ai écrite il y a quelque temps, croyant que la maison de M. Ducessois était connue à Fontainebleau, j'ai mis sur la lettre *chez M. Ducessois*. Tu ne m'écris peut-être pas parce que tu ne sais pas où je demeure. Dans ce cas mon adresse est : rue d'Auvergne, numéro 4.

Je suis en vacances, mais c'est comme si je n'y étais pas ; on a eu la détestable idée de me mettre en pension comme le reste de l'année. Ce qu'il y a de pis, c'est que papa m'avait promis de voyager et qu'il n'a pas le temps.

Dis-moi donc positivement ton adresse à Fontaine-bleau tant que tu y seras et avertis-moi de ton départ. Je crois que tu demeures place des Fossés. Allons, si tu es fâché de ce que j'aie passé le premier du mois, pardonne-moi *et redi mecum in gratia*. Réponds. Ecris-moi ce que tu fais, si tu vas beaucoup à la chasse. J'avoue que ma sixième a été bien ébauchée. Car je n'ai eu au collège qu'un accessit. Il est vrai que dans la pension j'ai eu des livres, mais qu'est-ce que c'est qu'un prix dans une petite pension ? Mais je vais entrer tout à fait au Collège en 5ᵉ et j'espère que je me ferai remarquer.

J'ai reçu deux invitations pour la campagne, mais maman a dit qu'elle ne savait guère si nous irions. Dans toutes mes lettres j'ai oublié de te parler de notre société. Nous ne connaissons pas une Lyonnaise ; toutes nos connaissances se bornent au militaire, à l'intendance et à la gendarmerie. Nous avons dans notre société des personnes aimables et quelques femmes charmantes. Je n'ai pas besoin de te les nommer, cela ne t'intéresserait nullement, puisque tu ne les connais pas. J'ai oublié aussi de te parler de notre logement. Il est charmant ; sans exagérer nous avons une vue des plus belles de Lyon. Tu ne peux pas te figurer comme c'est beau, comme c'est magnifique, comme c'est beau (*sic*), comme ce coteau est riche, comme il est vert.

Allons, réponds-moi. Adieu. Je t'embrasse de tout mon cœur ainsi que toute la famille.

Ton cadet.

CHARLES.

Maman et papa me chargent de les rappeler à ton souvenir.

X

AU MÊME

[*Lyon*] *Le 15 décembre* [*1832*].

Mon frère,

Tu seras sûrement bien étonné que, malgré tous les avertissements symboliques [que] tu as bien voulu me donner, je ne t'écrive que le 15 du mois. Mais tous mes moments sont pris. Aussi je te prie de bien vouloir me permettre de t'écrire tous les 15 du mois, car le 15 est le jour de la sortie de faveur pour ceux qui se conduisent bien (tu vois que j'en suis). Néanmoins, si j'étais privé de sortie ce jour, je t'écrirais à la sortie générale qui est quinze jours après ; tu me reproches de ne pas t'écrire (il est vrai que j'ai été paresseux, je confesse ma faute), mai toi, qui ne me réponds jamais, quoique tu sois l'aîné, je crois qu'en pareil cas j'ai le droit de te gronder. Etourdi qui ne m'envoie pas son numéro ! Dans ta prochaine lettre, *si tu me réponds*, dis-moi au moins si tu es encore à Fontainebleau. N'oublie pas ton numéro.

Je me plais beaucoup au collège ; qui ne se plairait pas où l'on a des amis ? J'en ai un qui, j'en suis sûr, m'aime beaucoup. Il n'est pas égoïste, comme certains ; il est tout à ses camarades. Notre place en étude favorise beaucoup notre amitié, car, dès que le pion s'en va de sa chaire, nous sommes en face l'un de l'autre et pouvons nous sourire à notre aise.

Pour te prouver l'amour que j'ai pour mon aîné, je te promets de t'écrire toutes les fois que j'en aurai le temps. Je vais m'habiller, et dans une demi-heure je serai hors de la prison. Je pense que ma lettre t'aura donné de la peine à déchiffrer, mais cela n'empêche pas les sentiments.

Vois comme je suis bête : au lieu de remettre la poudre, que je viens de jeter sur la dernière page, dans la poudrière, je la jette tout entière dans mon encrier.

Allons, adieu. Maman et papa se rappellent à ton souvenir. Embrasse de ma part ma sœur, Théodore et toute la famille.

CHARLES BAUDELAIRE.

Ton numéro.

XI

AU MÊME

[Lyon] Le 27 décembre [1832].

Mon frère,

Le jour de l'an approchant, et ne pouvant t'envoyer une carte, quoique sans me vanter je sois un peu plus adroit qu'en partant de Paris, je t'envoie la liste de mes places depuis que je suis au collège : 18. 13. 10. 10. 8. 6. 7. 4. 2. Aie un peu d'égard au temps que j'ai perdu pour ma première communion. Néanmoins je me promets bien après le jour de l'an de travailler encore mieux. J'ai fait un arrangement avec papa : toutes les fois que je suis dans les six premiers, 5 francs ; mais comme tu vois, cela, depuis que je suis pensionnaire, n'est arrivé que trois fois.

Pour te prouver que je me suis appliqué je voudrais t'envoyer une exemption, mais deux raisons m'en empêchent : 1° une bonne partie est usée, 2° quoique une bonne partie soit usée, cela ferait un trop gros paquet.

Je te souhaite une bonne année ainsi qu'à ma sœur, Théodore, MM. Ducessois, Mme Ducessois, M. Bontron que je n'ai pas oublié. N'oublie pas de me rappeler à leur souvenir, à M. et Mme Olivier, M. et Mme Orfila, si tu les vois, M. Naigeon, M. et Mme Tirlet, surtout Eugène, Laure, Paul, Alfred [1]. Je te remercie de bon cœur de toutes les bontés que tu as eues pour moi. Je te souhaite tout ce qui pourrait t'arriver d'heureux.

N'en disons cependant pas trop, de peur que tu ne croies que tous ces compliments ne sont que, comme certains enfants, pour gagner quelque chose. Il ne faut cependant pas demander trop librement, comme un de mes camarades qui, ne sachant que dire, écrit :

> Un petit enfant de mon âge
> Qui ne songe qu'au badinage
> Vient pour vous rendre les hommages
> Qui vous sont dus, les mains bien blanches
> Pour recevoir des oranges,
> Les dents bien aiguisées
> Pour recevoir des dragées.

Adieu. Papa et maman me chargent de te dire bien des choses et se rappellent à ton souvenir. Réponds-moi le plus tôt possible.

Ton petit frère.

CH.

XII

AU MÊME

[*Lyon, décembre 1832*] [1].

Mon frère,

Puisque tu veux bien me laisser t'écrire ce que je désirerais, je te dirai qu'il y a quelque bel ouvrage dont je te laisse le choix, car tu connais mon goût. J'aime assez le romantique et l'histoire dans le genre des *Contes de Jacob à ses petits-enfants,* ouvrage que tu dois te rappeler m'avoir donné.

Néanmoins tu m'avoueras que tu es un fameux étourdi, car je t'écris de me dire dans ta réponse le numéro de ta maison ; tu es aussi fort, comptant sur mon intelligence dans les affaires d'argent ; mais je n'y comprends rien et maman te répondra elle-même.

Je me figure que tu es dans un fameux remue-ménage. Je te vois déjà montant sur une chaise, clouant, déclouant, enfin maître du ménage et peut-être te mêlant de la cuisine.

Bien des choses de la part de papa et de maman. Je t'embrasse, ma sœur, Théodore, et souhaite une bonne année à toute la famille, et à toi une heureuse chasse et des jours tranquilles à Fontainebleau. Adieu, les 3/4 viennent de sonner et je ne sais que mes racines grecques.

Ton CARLOT [2].

XIII

AU MÊME

[*Lyon*] *Le 31 janvier 1833.*

Mon frère,

Tu es peut-être étonné que je ne t'aie pas encore ac-cusé la réception de tes livres, mais ayant été privé de sortie, comme tu le sais par le petit mot de maman, elle n'avait pu encore me le dire. Ils sont magnifiques. Le cadeau est fort bien choisi et bien à mon goût. Ma privation de sortie a été aussi cause que je n'ai pu t'écrire le 15.

Mais comment ! Je ne serai pas encore oncle et je n'aurai pas de neveu ? Allons, il faut espérer qu'une troisième couche sera plus heureuse, et que celle-ci n'aura pas de suites, comme je le souhaite.

J'ai été 5e en orthographe, 22e en thème, 21e en histoire. Je veux réparer par une composition cet affront.

Mes livres sont charmants. Je ne cesse d'en faire l'éloge. Je vois qu'ils m'amuseront beaucoup. Je tâcherai de t'envoyer mes étrennes en places la première fois que je t'écrirai.

Adieu. J'embrasse tout le monde.

Souhaite surtout le rétablissement de ma sœur. Tout le monde se porte bien, je pense, excepté ma sœur.

Ton cadet.

C. B.

Je t'écrirai le plus souvent que je pourrai.

XIV

AU MÊME

[*Lyon*] *Le... je ne sais pas mars 1833*[1].

Mon frère,

Je t'envoie tes étrennes : j'ai été 2e en grec. Je ne puis t'envoyer la preuve de ce que j'avance, parce que ce papier valant 300 vers, et moi gobant surtout des pensums, j'en aurai sûrement besoin. On vient de nous examiner. J'ai bien su. Le soir, la veille, je ne savais rien. J'ai une bonne mémoire, j'ai vite repassé, le bonheur m'a favorisé, ça a passé. Je crois que pour le prix de Pâques j'ai le 4e ou le 5e accessit. Néanmoins on va composer maintenant jusqu'à la fin de l'année pour le prix d'excellence. Il faut un peu plus travailler. Peut-être que j'aurai de meilleures places.

Je ne sais pas si tu pourras lire ma lettre, car elle [est] écrite pendant l'histoire, classe fort ennuyeuse. On vient de me demander le caractère de la race pélasgique; tout occupé de ma lettre, je n'ai seulement pas su ce qu'on m'a demandé. Je ne sais pas si je répondrai aussi bien à l'examen d'histoire qu'à celui de grec et de latin, car je ne sais pas un mot, j'ai perdu la moitié de mes devoirs.

Ecris-moi ce que tu fais à Fontainebleau. Raconte-moi toutes tes chasses en grand détail, si Théodore s'amuse bien, comment est la ville, ses promenades, etc, etc., tout ce que tu pourras me dire.

Maman se porte bien? Ah non! Elle vient d'avoir et elle a encore un violent mal de gorge qui l'empêche de sortir.

Le feu prend très souvent à Lyon. Il fut un moment où il ne se passait pas de nuit sans que l'on entendît crier au feu; le plus fort qui ait pris est le dernier; c'est à Perrache, qui est une promenade de Lyon; tout un café fut brûlé. Les Saint-Simoniens allèrent porter du secours, tous en costumes.

Papa et maman se rappellent à ton souvenir. J'embrasse toi, ma sœur, Théodore, tout le monde.

CHARLES BAUDELAIRE.

XV

AU MÊME

[Lyon, 25 mars 1833].

Mon frère,

Grande rumeur au collège. Un maître a frappé un élève jusqu'à lui donner des maux de poitrine. Il est extrêmement malade et ne peut se lever. Je te vais tout raconter. Cet élève, au bout d'une demi-heure d'étude ne comprenant pas son devoir, avait fait passer des billets pour le savoir ; le pion, l'ayant découvert, lui dit des sottises selon son ordinaire ; l'autre fit encore passer un billet pour lequel fut donnée une roulée à laquelle l'élève riposta quelques coups de pied. Le pion voulant terminer cette lutte, d'un seul coup lui donne un coup de pied dans les reins. Le tambour bat pour le souper ; l'élève se met à son rang ordinaire, le pion le fait passer à la queue en lui disant qu'il n'était pas digne d'aller avec les autres. En revenant du souper, il le met dans le charbonnier pour la même raison ; de temps en temps il venait le claquer ; l'élève avait les reins en déconfiture, il ne pouvait lui résister. On se couche. Deux jours après, sortie. Je rentre le soir et l'on m'apprend que cet élève est à l'infirmerie, ne pouvant plus se soutenir, et qu'il est tombé en défaillance dans les rangs. L'infirmière est résolue à tout faire pour qu'il [1] s'en aille, mais ce n'est pas encore sûr comme il est bien *coco* auprès du proviseur.

Nous lui avons fait un tel charivari dans la cour que le proviseur l'a entendu de son appartement. Alors ce pion riait de ce qu'on faisait pour lui, mais il riait *jaune*. Je suis dans les mutins. Je ne veux pas être de ces *lèche-culs* qui craignent de déplaire aux pions.

Vengeance sur ceux qui ont abusé de leurs droits, c'était une inscription des barricades de Paris. S'il ne s'en va pas, nous faisons mettre un article sur le *Courrier de Lyon*.

Adieu. Bonsoir. Bien des choses de la part de papa, de maman, de moi pour tout le monde et pour toi particulièrement.

Le mutin cadet.

CHARLES.

Les lettres que tu m'as écrites étant chez maman, j'ai encore oublié ton numéro.

XVI

AU MÊME

[*Lyon*] *Le 17 mai* [*1833*].

Mon frère,

Je pense que je suis plus en droit de te gronder que toi. Car je suis seulement en retard de deux jours, et toi, tu ne me réponds jamais. Au reste, j'aurais une excuse : j'attendais quelque bonne place pour te l'envoyer. Enfin j'en ai une ; j'ai été 4e en français. Je crois t'avoir dit que j'avais été 2e en grec.

Je te prie dans toutes mes lettres de me répondre. Quelle honte ! Le cadet qui fait la morale à l'aîné ! Tu vois que je te prends par les sentiments. Je crois que c'est le bon moyen.

Comme Parisien, je suis indigné de la manière dont on a traité le nom de Louis-Philippe à Lyon. Quelques petits lampions par-ci par-là, et voilà tout. Je pense qu'à Paris on a fait de grandes fêtes. Quoique à Fontaine-bleau, tu as dû en voir la description dans le journal. Ecris-la-moi. Pour tes lettres, adresse-les à M. Baude-laire, élève au Collège Royal de Lyon. Dis-moi ton numéro, ce que tu fais avec ma sœur, quels sont tes plaisirs, etc., etc., etc., etc.

On nous avait à Lyon menacés de grands bruits. Aux Célestins (théâtre de Lyon), sur la place, il y avait un grand rassemblement (à ce qu'on disait) ; tous ces jeunes gens avaient une cravate rouge, plutôt signe de leur folie que de leur opinion. Ils chantaient (tout bas) ; quand arrivait seulement un sergent de police ils se taisaient. Les Saint-Simoniens s'étaient unis aux répu-blicains et avaient annoncé qu'on danserait sur la place Bellecour (promenade). Le jour annoncé, pas de bal, rien. On avait dit qu'à deux lieues de Lyon il y avait une grande insurrection. Le général Aymard envoie quatre gendarmes. On trouve une cinquantaine de gens armés. On leur demande leurs projets : c'est une louve, disent-ils, que nous chassons. D'après ces deux faits, tu devines le reste de la révolte, c'est-à-dire rien [1].

Il y a quelque temps que nous avons changé de rec-teur. Nous changeons maintenant de proviseur. L'an-cien va comme recteur à Orléans et le nouveau vient, comme proviseur, de Toulouse, où il était recteur.

Ecris-moi donc; tu trouveras bien assez de sujets. Ah! diantre! Il faut que je ferme ma lettre, voici le garçon du quartier qui ouvre la porte, avec le pain du déjeuner. Le tambour va battre. J'oubliais de te dire que j'apprends la danse. Bien des choses de la part de papa et de maman. Autant de ma part à ma sœur. Adieu.

CARLOT.

XVII

AU MÊME

[*Lyon*] *Le 12 juillet 1833.*

Mon frère,

J'écris peut-être un peu tard pour me justifier des reproches que je t'ai faits parce que, à ce que je disais, tu ne m'écrivais pas. Eh bien, tu sais que je t'avais dit d'adresser tes lettres rue d'Auvergne, n° 4, et non au collège. Eh bien le jour de ma sortie, maman avait oublié de me donner ta lettre. J'ai encore une excuse: j'attendais une bonne place, et voilà que je suis 2e en thème. Dans quinze ou vingt jours nous composons en prix. Je n'ai rien fait toute l'année; mais j'ai eu de bonnes places, ce qui prouve que je puis faire. Je suis à piocher et j'espère quelque résultat. Nous venons de changer de proviseur. On établit une musique militaire au collège, et cela ne va déjà pas mal. Tu dois penser que ces élèves qui jouent de la musique militaire étaient des élèves qui déjà apprenaient des instruments, comme la flûte, la clarinette, le violon ; par conséquent ils avaient déjà quelque habitude de la musique.

Adresse toujours tes lettres chez maman. Donne-moi donc ton numéro. Je connais la rue, la ville, le département, et pas le numéro, de manière que je ne sais pas si mes lettres te parviennent. Dis-moi si tu es toujours juge-suppléant. Au moins, si tu oublies encore ton numéro, je saurai si tu es encore juge-suppléant et, en mettant cela sur mon adresse, je pense que la lettre parviendra plus facilement. Dans ta réponse fais-moi une description de tout Fontainebleau. Car tu sais que je suis amateur de géographie. Raconte-moi tes chasses. Pour moi, je voudrais bien savoir d'avance si j'ai quelque chose dans les prix. Je voudrais bien savoir un moyen. Savoir si j'en aurai... Je m'y prends un peu tard. Allons, courage ! c'est ce que [je] me dis à chaque instant.

Donne-moi des nouvelles de ma sœur, Théodore, M. et Mme Ducessois.

Allons, adieu. Voilà le garçon qui apporte le pain.

Ton frère.

XVIII

AU MÊME

[Lyon] *Le 23 novembre 1833.*

Mon frère,

Ne t'étonne point du retard que j'ai mis à te remercier de la belle édition de Juvénal que tu m'as envoyée.

C'est la faute de ma mère et non la mienne. Lorsque papa est arrivé, il m'a dit que tu lui avais remis une lettre pour moi. Le soir même je m'en allai au collège. Toute la journée s'était passée à déballer des malles, de sorte que maman oublia de me remettre ta lettre, et jusqu'à ce jour elle l'a oublié. Mais à mon tour je te veux faire un cadeau au jour de l'an ; tu devines déjà que c'est une place de premier ou de second. Tout juste, c'est cela. Je ferai tous mes efforts et je suis sûr que je réussirai, puisque l'année dernière j'ai été second dans toutes les matières et puisque j'ai eu le 4e accessit d'excellence. A ma honte j'avoue que j'ai obtenu ces avantages sans me donner grand peine. Mais cette année je veux piocher ferme pour au moins, si je ne réussis pas, n'avoir rien à me reprocher. C'est vraiment bien beau d'entendre proclamer pour un prix son nom auquel on ajoute cette phrase : *7 fois nommé* ! Nommé dans toutes les matières ! Et puis c'est ou votre mère ou votre père qui vous couronne ! Je me rappelle encore le contentement d'un élève qui n'avait pas manqué un seul prix. Un autre en avait tant qu'il n'avait pas le temps d'aller porter le livre à sa place. Sois tranquille, si j'obtiens quelque prix, je ne serai pas si tardif à t'écrire que je l'ai été ; et puis avec ces prix, on accumule livres sur livres, et puis les cadeaux des parents, et puis ceux du frère aussi ; car ils sont beaux. Ce Juvénal est magnifique. Je te remercie bien, bien, de tout mon cœur. En ce moment je récapitule tous tes cadeaux, et je pense au joli couteau. A présent il faut que je te remercie du choix que tu y mets. Tout ce que tu m'as donné jusqu'à présent était très bien choisi. Papa aussi m'a fait un cadeau ; il m'a donné un phénakistiscope. Ce mot est aussi bizarre que l'invention. Tu dois savoir ce que c'est, toi qui es à Paris. Car il [y] en [a] déjà beaucoup.

Quoique je pense que tu saches ce que c'est, je t'en vais faire la description, pour que tu ne puisses pas dire : « *Que m'importe le phénakistiscope, si je ne sais pas ce que c'est!* » C'est un cartonnage dans lequel il y a une petite glace qu'on met sur une table entre deux bougies. On y trouve aussi un manche auquel on adapte un rond de carton percé tout autour de petits trous. Par-dessus on ajoute un autre carton dessiné, le dessin tourné vers la glace. Puis on fait tourner, et on regarde par les petits trous dans la glace où l'on voit de fort jolis dessins. Mes pensées sont-elles suivies au moins ?

Bien des choses à ma sœur. Je t'embrasse, bonsoir.

CARLOT.

XIX

AU MÊME

[Lyon] Le 1ᵉʳ jour de l'an 1834.

Charles, cadet, à Alphonse, l'aîné.

Salut et Bonne Année.

Encore un an d'écoulé ; au mois d'avril j'aurai treize ans, et deux se seront passés loin de mon frère, de Mme Tirlet, de Paris enfin, de Paris que je regrette tant.

Qu'on s'ennuie au collège, surtout au collège de Lyon ! Les murs en sont si tristes, si crasseux et si humides, les classes si obscures, le caractère lyonnais si différent du caractère parisien ! Mais enfin le temps s'approche où je vais retourner à Paris. Là, je retrouverai mon frère, ma sœur, Théodore, Madame Tirlet,

Eugène son fils, Paul et Alfred Pérignon. Il faut espérer que ma mère et mon père m'y suivront de près.

Je regrette les boulevards, et les bonbons de Berthellemot, et l'universel magasin de Giroux, et les riches bazars dans lesquels l'on trouve si amplement de quoi faire de belles étrennes. A Lyon, une seule boutique pour les beaux livres, deux pour les gâteaux et les bonbons, ainsi du reste. Oh! *Rari nantes in gurgite vasto,* c'est bien le cas d'appliquer le précepte. Dans cette ville noire des fumées du charbon de terre, on n'y trouve que de gros marrons et de fines soieries.

Je t'avais promis des étrennes, une place de premier ou second, mais... mais... Je ne sais que dire pour m'excuser. Je n'ose plus promettre, parce que si le découragement s'empare encore de moi... Ce découragement est assez excusable. A peine suis-je rentré au collège que je n'ai gagné que des mauvaises [notes]. Ajoute à cela le souvenir de mon ancienne splendeur. Je parle de ma force de classe de l'année passée. Car enfin quoique je n'aie pas eu de prix [j'ai] cependant brillé pendant tout le courant de l'année. Espérons cependant qu'en voyant ceux qui étaient au-dessous de moi me passer sur le corps, je me ranimerai et que par mon travail je mériterai mieux mes étrennes.

Que ma sœur et Théodore reçoivent aussi mes vœux pour l'année qui commence. Papa et maman te rappellent à leur souvenir.

                                                    CHARLES.

XX

À MONSIEUR ET MADAME AUPICK

Lyon, le 25 février [1834] [1].

Papa et maman,

Je vous écris cette lettre pour tenter de vous persuader qu'il y a encore quelque espérance pour me tirer de
l'état qui vous fait tant de peine. Je sais que dès que
maman lira le commencement de cette lettre elle dira :
je n'y crois plus ; que papa dira la même chose ; mais je
ne me décourage pas ; vous ne voulez plus venir me
voir au collège pour punition de mes sottises ; mais
venez une dernière fois pour me donner de bons conseils, pour m'encourager. Toutes ces sottises viennent
de mon étourderie et de mon lambinage. Quand la
dernière fois encore je vous ai promis de ne plus vous
donner de chagrin, je parlais de bonne foi, j'avais la
résolution de travailler et de travailler ferme pour que
vous puissiez dire : nous avons un fils qui reconnaît nos
soins ; mais l'étourderie et la paresse m'ont fait oublier
les sentiments qui me possédaient quand je promettais.
Ce n'est pas mon cœur qu'il faut corriger, il est bon,
c'est mon esprit qu'il faut fixer, qu'il faut faire réfléchir
assez solidement pour que les réflexions y restent
gravées. Vous commencez à croire que je suis un ingrat,
vous en êtes peut-être bien persuadés. Comment vous
prouver le contraire ? Je sais le moyen ; c'est de tra-

vailler sur-le-champ ; mais, quoi que je puisse faire, ce temps que j'ai passé dans la paresse et l'oubli de ce que je vous devais sera toujours une tache. Comment vous faire oublier en un moment une mauvaise conduite de trois mois ? Je ne sais, et c'est pourtant ce que je voudrais. Rendez-moi tout de suite votre confiance et votre amitié, venez me dire au collège que vous me les avez rendues. Ce sera le meilleur moyen de me faire changer aussi en un moment.

Vous avez désespéré de moi comme d'un fils au mal duquel on ne peut remédier et auquel tout est devenu indifférent, qui passe son temps dans la paresse, qui est mou, lâche et n'a pas le courage de se relever. J'ai été mou, lâche, paresseux, je n'ai pensé à rien pour un certain temps ; mais comme rien ne peut faire changer le cœur, mon cœur, qui malgré ses défauts a son bon côté, m'est resté ; il m'a fait sentir que je ne devais pas désespérer de moi-même. J'ai pensé que je pouvais vous écrire et vous communiquer les réflexions que m'avait suggérées l'ennui que me procure une vie passée dans la paresse et les punitions. Et l'idée seule que vous pouviez me regarder comme un ingrat m'a rendu quelque courage. Si vous-même n'avez plus celui de venir au collège, répondez-moi, et dans une lettre donnez-moi les conseils et les encouragements que dans le parloir vous m'auriez donnés en personne. On donne des places d'histoire naturelle jeudi matin, j'en espère une bonne. Cette espérance que j'ai peut-elle vous engager à m'écouter ? J'en ai encore eu dernièrement une très mauvaise, très mauvaise, mais l'envie de réparer cet affront a fait que ce matin je me suis appliqué à ma composition.

Si décidément vous avez pris le parti de ne plus venir au collège avant qu'une conduite nouvelle vous ait prouvé un changement total de ma part, écrivez-moi ; je garderai vos lettres, je les lirai souvent pour lutter contre mon étourderie, pour me faire verser des larmes de repentir, pour que ma paresse et mon étourderie ne me fassent pas oublier les fautes que j'ai à réparer. Enfin, comme je vous l'ai dit au commencement de ma lettre, le cœur n'y est pour rien ; un naturel léger, un penchant invincible à la paresse m'a fait commettre toutes ces fautes. Soyez-en bien persuadés. Vous n'oublierez pas, j'en suis sûr, que vous avez un fils au collège, mais n'oubliez pas que ce fils a encore du cœur. Voilà ce que je voulais vous écrire ; le but en est bien simple : je veux vous persuader qu'il ne faut pas désespérer de moi. Et qui, d'ailleurs, en pensant que ses parents ne veulent plus venir le voir et qu'ils en sont au point d'employer les moyens de rigueur, n'aurait pas écrit bien vite pour les détromper ? Ce ne sont pas les moyens de rigueur qui me touchent. C'est la honte de vous avoir obligés de les employer. Ce n'est point à la maison que je suis attaché, non plus qu'aux commodités que j'y trouve quand je sors ; c'est au plaisir de vous voir que je suis sensible, au plaisir de causer avec vous pendant un jour, aux louanges que vous pouvez me donner sur mon travail. Je vous promets de changer, mais ne désespérez pas de moi et comptez encore sur mes promesses.

CHARLES.

XXI

À M. BAUDELAIRE

Lyon, le 26 février 1834.

Comment me justifier auprès de toi ? Le silence que tu gardes depuis longtemps me prouve que tu n'es pas content de moi. Eh bien, je t'écris pour te demander pardon. L'année passée je t'écrivais ordinairement toutes les fois que j'avais de bonnes places ; mais cette année je ne puis plus t'écrire. Une si mauvaise excuse va encore m'attirer des reproches. Comment, vas-tu dire, il n'a pas eu de prix à la fin de l'année dernière, et il perd son temps cette année ? Enfin je ne sais de quel côté me tourner pour chercher une excuse à ma paresse pour t'écrire. Tu dois être bien mécontent. Je t'avoue que j'en suis effrayé, et un frère ne devrait pas craindre le mécontentement de son frère, ou plutôt il ne devrait pas le mettre dans le cas de le mécontenter. Et que m'importe, après tout, diras-tu, que mon frère ait l'air bien fâché de m'avoir mécontenté en ne m'écrivant pas, s'il va encore, après cette lettre, rester des éternités avant de m'écrire tout au plus quelques lignes bien écartées les unes des autres et dont l'écriture sera bien grosse ! Une minute, et je vais répondre à tes dernières accusations. Comme j'ai le projet de me relever de l'engourdissement où je suis tombé, que j'ai le projet de travailler ferme, que les bonnes places s'ensuivront, l'empressement de te les écrire pour te prouver que je n'ai pas perdu entièrement courage, ni l'amour du travail, fera que je t'écrirai plus souvent. Etant gai, content, possédant le bonheur que procure le contentement de soi-même, et mon heureux état me fournissant beaucoup d'idées, parce que je te communiquerai tout ce qui me viendra par la tête, mes lettres seront plus longues. Or comme ce qui viendra dans la tête ne sera que raisonnable, je ne t'écrirai que des choses sensées. Ces lignes te paraissent-elles raisonnables, peuvent-elles un peu t'apaiser ? – Non, tu es trop coupable.

— Eh bien, je ne me décourage pas et je continue. Mais, mais, comment ? Je veux continuer. Et quoi faire ? Je ne puis me justifier. Il vaut mieux l'apaiser par la soumission et en reconnaissant sa faute que de lui donner beaucoup de raisons banales. Eh bien, je te demande pardon, je suis fâché et ne manquerai plus aux devoirs d'amitié. Hier soir, j'ai écrit à mes parents pour leur dire de ne pas désespérer de moi, et je leur ai demandé pardon dans ma lettre. Je pense, il est très probable, qu'ils m'écouteront, malgré trois mois que j'ai perdus dans la paresse, parce que je parle de bonne foi. Eh bien, écoute-moi donc aussi, parce que je parle de bonne foi et que je suis véritablement fâché de t'avoir mécontenté. Dans ta réponse, donne-moi des conseils, encourage-moi à travailler. En travaillant je m'accoutumerai aux bonnes places, comme je m'étais fait une habitude de ne rien faire. Bien des choses à ma sœur, félicite encore Théodore de ses prix.

Allons, je t'embrasse parce que je pense que tu m'as pardonné.

Ton frère CHARLES.

XXII

À MADAME AUPICK

[*Lyon*] *Lundi 24 mars* [*1834*].

Maman,

Je viens de lire ta lettre et je t'envoie ce que tu crains de ne pas recevoir. Pour le coup, je puis dire avec deux témoins que j'ai tenu mes promesses. Je continuerai, je deviendrai fort dans ma classe. Ne va pas croire au moins que ce qui me fait travailler, c'est la crainte des punitions. Je suis excité par des motifs plus nobles. Récompenser mes parents des peines qu'ils se donnent pour moi, devenir un homme instruit, être couronné à la fin de l'année devant une grande multitude, voilà ces motifs. En deux jours j'ai gagné plus de raison que je n'ai fait de folies en trois mois. Je suis sûr qu'avec de la persévérance, je ferai quelque chose de bon. Un élève m'a dit : « Je te donne d'avance trois prix pourvu que tu travailles avec fermeté jusqu'à la fin de l'année. » J'en accepte l'augure. Montre ces *satisfecit* à mon père ; il espérera mon changement en attendant qu'il en soit persuadé.

Puis-je t'embrasser, avec droit, maintenant ?

CHARLES.

On sort mercredi à midi.

XXIII

À LA MÊME

[Lyon] Le 2 mai, au soir [1834].

Maman,

Je suis 4e, et en *version latine*. Je te prie de faire re-marquer à mon père que c'est en version latine. Pour récompense, je te demande, je te prie, te supplie d'oublier ma privation de sortie et de venir me voir quand tu auras reçu cette lettre, si tu n'es pas malade.

Je t'annonce aussi que je vais changer de maître d'étude. Je vais monter dans la 4e division. D'un côté, ça me fait de la peine de quitter M. Fournier ; de l'autre, je suis content d'aller trouver beaucoup de mes amis qui sont dans cette division.

Ma place est bonne, mais j'ai juré d'en avoir de meilleures parce que plusieurs élèves qui étaient der-rière moi me passent. Je ne te promets plus ; je com-mence, comme tu vois, à gagner du terrain. C'est maintenant à moi-même que je promets.

Ton cher fils CHARLES.

J'embrasse papa.

XXIV

À M. BAUDELAIRE

[Lyon] Le 20 octobre 1834.

Mon frère, j'ai reçu ta lettre ; j'ai vu que tu t'y plaignais de ma paresse à t'écrire. Je t'écris aujourd'hui, mais c'est pour te dire des reproches à mon tour. Comment ! depuis trois mois pas un mot ! Qu'est-ce que je dis, depuis bien plus ! Mais taisez-vous, M. le Cadet, ce n'est pas à vous à réprimander l'aîné, quand ses torts seraient plus grands.

Ainsi je vais bien t'engager à m'écrire, à me mettre au courant de ce que tu fais ; car tu as un fusil de chasse, toi, et par conséquent tu dois bien t'amuser ; depuis longtemps je tourmente maman pour m'en donner un. Elle me dit que c'est dangereux. J'ai celui que tu m'as donné, que j'entretiens avec soin, que je démonte et que je nettoie toutes les fois que je sors ; mais j'ai reconnu que, la crosse étant trop basse, il était très difficile de bien ajuster avec. J'espère avoir des prix l'année prochaine, et, malgré le prétendu danger, mon père n'aura pas le cœur de me le refuser. Ce n'a pas été assez pour obtenir un fusil cette année de

1er accessit de version grecque
1er — d'anatomie
3e — de vers latins
5e — de version
5^{t} — d'excellence.

Peut-être que ce sera mieux l'année prochaine, et j'aurai le fusil. J'irai chasser avec toi. Car dans un an maman m'enverra faire ma seconde à Paris et y finir mes études. Ecris-moi souvent.

Ton frère.

CHARLES.

XXV

À MADAME AUPICK

[*Lyon*] *Jeudi* [*1834*].

Maman,

Je ne t'écris pas pour te demander pardon, car je sais que tu ne me croirais plus ; je t'écris pour te dire que c'est la dernière fois que je me fais priver de sortie, que désormais je veux travailler et éviter toutes les punitions qui pourraient seulement retarder ma sortie. C'est bien la dernière fois, je te le jure, je t'en donne ma parole d'honneur. Je travaillerai ; crois-le ou ne le crois pas, tu seras forcée de le croire lorsque je t'aurai donné les preuves d'un changement complet. Je n'ose interrompre l'anglais, qui me prend du temps, parce qu'ayant commencé et l'ayant déjà abandonné l'année passée, il me semble que ce serait une honte de ne pas finir. Je suis pourtant faible cette année dans ma classe et je désire fermement me remettre au niveau de ceux qui l'année dernière étaient de ma force.

Mon père doit être bien fâché ; mais dis-lui pour moi ce que je t'écris, dis-lui que je me repens bien de ne pas avoir travaillé pendant ces trois mois qui viennent de s'écouler. Ce n'est point une vaine promesse ; je me souviendrai que j'ai juré de travailler. Et quoique je sois descendu bien bas, j'ai encore assez de cœur pour ne pas frustrer une seconde fois ton espérance, surtout après t'avoir donné ma parole. Néanmoins les meilleures preuves du monde sont des actions et non des paroles. J'espère te prouver bientôt ma sincérité. J'espère que le censeur n'aura plus de plaintes à te faire sur mon compte. En travaillant je reprendrai ma place honorable dans la classe de l'année dernière.

Veuille m'apporter au collège, si tu n'es point malade, de la pommade pour les lèvres, car depuis longtemps j'y ai mal.

> Ton fils CHARLES, bien fâché de te
> causer tant de mécontentement.

Si à cause de ma mauvaise conduite tu ne veux pas m'apporter toi-même ce que je te demande, et si c'est Joseph qui vient, qu'il m'apporte dans un papier ou dans une serviette les livres suivants pour Songeon qui m'a témoigné le désir de les lire, et que tu auras la bonté de prendre dans mon armoire.

Grandeur des Romains.
Convalescence du vieux Conteur.
Choix de Gresset.
Voyage de Levaillant (les deux volumes) [1].

XXVI

À LA MÊME

[Lyon ; 1834 ?]

Maman,

Tu vas être bien étonnée de me voir encore privé de sortie aujourd'hui ; cependant je n'ai pas manqué à mes promesses ; dès le moment que j'ai envoyé ma dernière lettre je puis répondre qu'il y a eu beaucoup d'amélioration dans mon travail et ma conduite ; mais la première semaine (nous étions déjà à la moitié de la quinzaine quand j'ai écrit ma lettre) a tellement influé sur le rapport de la conduite que ceci seul m'a fait priver de sortie. Cependant la seconde semaine a adouci mes notes, car tout le reste est assez bon, au quartier comme pour la classe. Privé depuis longtemps du plaisir de te voir, je prie papa d'employer une ruse bien innocente. En continuant de travailler comme je le fais depuis une semaine, on ne pourra me refuser pour jeudi prochain des attestations satisfaisantes sur mon travail et ma conduite. Je les présenterai. Que papa veuille alléguer au censeur ta mauvaise santé depuis quelques jours, et je pourrai espérer une sortie particulière. Mes places ont été bonnes, et je suis onzième en thème et 4e en histoire naturelle. J'ai très bien su mon examen sur l'histoire naturelle.

Ton fils CHARLES.

XXVII

À LA MÊME

[Lyon ; 1834 ?]

Maman,

Voici des avocats qui vont justifier ma conduite au-près [de] toi. Je pourrais te dire aujourd'hui seulement en ma faveur que j'ai passé un très bon examen et que je suis 4e en version grecque. Ceci suffirait pour te prouver que j'ai fait quelques efforts afin de te procurer quelque contentement. Songeon, mon ami, saura mieux que moi-même me justifier. Car malgré tout ce que je pourrais dire tu ne m'écouterais plus. Au moins ai-je caché aux inspecteurs que je n'ai pas travaillé. Un examen assez brillant leur a fait penser que je n'ai jamais été qu'un bon élève. Enfin, un nouveau trimestre va commencer, ma conversion va s'accomplir et je serai un travailleur. Remercie, remercie bien mes avocats pour moi ; je ne leur ai pas demandé de venir m'excuser auprès de toi. Eux-mêmes me l'ont offert dès qu'ils ont vu mon embarras et ma peine. Je ne sais comment leur dire que je reconnais cette aimable obligeance.

Permets-moi de t'embrasser.

Ton fils CHARLES.

XXVIII

À LA MÊME

[*Lyon*] *Le 21 décembre au soir* [*1834*].

Ma bonne mère,

Tu es partie du collège bien irritée, je le sais, mais tu as été trop rigoureuse et même injuste en me traitant d'ingrat. J'ai trop bien réfléchi sur toutes les obligations que j'avais envers ma mère pour ignorer que, dans ma position d'écolier, je dois lui causer beaucoup de contentement et de satisfaction.

Tu m'as traité d'ingrat. Moi, ingrat ! Eh, ma bonne mère, lorsque tu as dit ce mot, as-tu pensé qu'une étourderie d'un jour durerait si longtemps ? Eh oui ! c'est bien ma faute, je le confesse, mais j'ai maintenant assez de raison, j'ai gagné assez de raison pendant les vacances, auprès de toi, pour ne pas étouffer sur-le-champ cette effervescence d'un jour. Moi, ingrat ! Quand même je n'aurais pas pris dès le commencement de l'année d'excellentes résolutions, ce seul mot me convertirait.

Je t'ai écrit cette lettre pour te supplier de venir me voir dès aujourd'hui. Cela me fera beaucoup de bien et de plaisir, car je suis très peiné de l'injure que tu m'as faite.

Viens me voir, je t'en prie.

CHARLES.

Demande pardon pour moi à mon père.

XXIX

À M. BAUDELAIRE

[Lyon] le 27 au soir [décembre 1834].

Mon cher frère,

Il y a bien longtemps que je ne t'ai écrit, bien longtemps que tu ne m'as répondu. Tort de part et d'autre,
quitte à quitte, et je répare ma faute le premier, attendu
que je suis le plus jeune. Rentré au Collège cette année,
j'ai pris de bonnes résolutions, et je les tiens... passable-
ment. Le mal est qu'en étude, bavardant comme je bavar-
de, je m'attire toujours quelque méchant pensum. C'est
maintenant qu'il fait bon à écrire ces maudits pensums,
maintenant qu'on a les doigts froids et raides comme du
marbre. Il y a encore les arrêts, mon écueil éternel.

L'élève :   Eh, dis donc, voisin, prête-moi donc ton
                devoir afin que je copie.
Le Maître : Monsieur, une demi-heure d'arrêt.
L'élève :   Ah ! Vilain !
Le Maître : Monsieur, pour murmurer, vous en ferez
                le double.
L'élève :   Et pourqu...
Le Maître : Triple.

etc, etc, etc, etc, etc, ça mène bien loin quelquefois.
Etre aux arrêts, c'est être planté comme une statue
contre un mur ou contre un arbre, y geler (en hiver)
pendant tout le temps que l'exige un tyran.

Mais c'est bien sot de me plaindre du régime du collège ; m'étant bien conduit, qu'ai-je eu à souffrir ? Rien.

Il vaut mieux prendre des résolutions encore plus fermes pour l'année 1835, souhaiter à mon frère tout le bien possible, et comme lycéen lui donner pour étrennes les places de 7e, 4e, 4e, 3e, 2e que j'ai obtenues depuis le commencement de l'année.

Ton frère CHARLES.

XXX

AU MÊME

[*Lyon, 1835*].

Mon cher frère,

Je te remercie beaucoup de l'attention que tu as eue pour ma mère et pour moi, lorsque tu nous a proposé de nous sauver chez toi si le choléra venait purger la ville de Lyon ; c'est bien aimable à toi, nous t'en remercions tous ; mais, Dieu merci, nous n'en sommes pas encore là ; il n'a pas passé Vienne ; il y a eu ici un seul cas ; donc nous sommes jusques à présent sans inquiétude ; et d'ailleurs, *Notre Dame de Fourvières n'est-elle pas là !*

Tu t'attends peut-être, *Colin mon grand frère,* à une foule de prix. Je n'en ai eu qu'un, accompagné de cinq accessits, qui enchantent mon père. Ne va pas t'aviser d'être plus difficile que lui, difficile comme ma mère, par exemple, qui s'imagine que je devrais être le premier en tout. Je ne puis lui en vouloir de son exigence ; sa tendresse excessive lui fait sans cesse rêver des succès pour moi. Il faut aussi que tu saches, mon frère, qu'on a suivi cette année un système différent dans le mode de distribution. Les prix, qui ne dépendent plus du résultat d'une seule composition, dépendent du travail de toute l'année. Et moi, j'ai cru qu'il était temps de travailler à la fin.

Voilà donc que tu apprends aussi à nager ? Un ami de mon père s'offre aussi pour me donner des leçons mais la température ne le permet pas. Il faut croire que dans ce moment les pluies n'ont pas refroidi la Seine comme elles ont refroidi le Rhône.

Le moment approche, mon frère, où j'irai t'embrasser, parce que maman est bien décidée à me faire faire ma rhétorique à Paris. Tu me trouveras sans doute bien grandi, et en sagesse et en taille.

Ton frère.

CHARLES BAUDELAIRE.

Bien des choses pour ma sœur, Théodore, qui me conservent tous deux, je pense, une place dans leur souvenir.

En attendant que j'aille t'embrasser à Paris, en réalité, je t'envoie en acompte mille et mille tendresses.

VALE.

XXXI

AU MÊME

[*Lyon*] *Le 27 décembre 1835.*

Mon frère,

Il y a bien longtemps que je n'ai reçu de tes nouvelles ; il y a bien longtemps que je ne t'ai donné des miennes. Comme cadet, il est juste que je m'informe le premier de ta santé, de ce que tu fais, de tes affaires.

Pour moi, je me porte très bien, je suis gros et gras, et je m'ennuie beaucoup. Cependant je travaille, je pioche, j'ai de bonnes places : depuis la rentrée 4e, 2e, 10e, 1er, 2e, 6e, 1er ; deux fois 1er et deux fois 2e, voilà, je pense, de beaux titres. Ceci te prouve que, quoique depuis quelque temps tu ne sois pas envers moi pro digue de lettres et de bons conseils, je n'en travaille pas moins bien, dans l'espérance que, forcé de me donner des éloges, tu m'écriras enfin.

Lorsqu'on travaille il est juste qu'on s'amuse ; aussi je me divertis maintenant sur la glace, je cherche à me procurer une nouvelle jouissance, en un mot, j'apprends à patiner. Je pense que pendant les vacances, et avant, tu as beaucoup chassé et mis à mort maint gibier. Quant à moi, je n'ai pas encore chassé de ma vie. D'ailleurs à Lyon, où mon père est comme confiné sans cesse, il n'y a aucune occasion de chasser ; et puis la poudre fait peur aux mamans. Il est probable que c'est toi qui auras l'honneur de m'initier aux plaisirs de cet exercice. Car je vais bientôt aller à Paris, et j'y aurai été sans avoir chassé ; cette année est la dernière que je passe à Lyon ; j'irai commencer ma rhétorique à Paris (j'entends année classique) ; autrement, tu m'attendrais à Paris dans trois jours. J'ai maintenant 14 ans 9 mois, on peut dire 15 ans, trois mois sont si vite passés ! Le temps fuit bien vite pour qui l'emploie bien. Comme je me loue aujourd'hui ! Tu me trouveras bien peu modeste sans doute. Au surplus :

Il est un juste orgueil que l'on passe au mérite.

Je ne sais pas dans quelle leçon nous avons appris dernièrement ce vers, le seul que j'ai retenu, sans doute parce que je l'ai trouvé juste de pensée. Voici quelques lignes qui sentent bien l'écolier et la pédanterie qui réussit en humanités et en rhétorique. Au surplus tu me passeras bien toutes ces ennuyeuses fadaises ; c'est à mon frère que j'écris, il serait ridicule de me gêner quand j'écris à mon frère. Sans doute que tu recevras cette lettre dans trois jours, le premier de l'année 1836. Je te souhaite donc, avec mes parents, une heureuse année, à toi et à toute la famille, particulièrement à ma sœur et à Théodore.

Porte-toi bien, et réponds-moi vite, si tu peux.

CH. BAUDELAIRE.

Notre adresse en cas que tu l'aies oubliée est *rue d'Auvergne, n° 4.*

XXXII

AU MÊME

[*Paris*] *Le 25 février 1836* [1].

Mon cher frère,

Voilà que maman, papa et moi sommes réunis à Paris et je m'empresse de te l'écrire, parce que j'espère que tu viendras me voir. J'irais bien te trouver, mais papa n'aime pas que l'on perde beaucoup de temps, et je rentre au collège, ou plutôt j'entre pour la première fois à Louis-le-Grand le 1er mars. En cas que tu ne puisses pas venir me voir Hôtel des Ministres, rue de l'Université, n° 36, tu viendras à Louis-le-Grand.

Si je ne t'avais pas annoncé notre départ dans ma dernière lettre, c'est que je l'ignorais moi-même. Maman m'avait dit que nous partirions à Pâques. C'était une petite ruse maternelle pour me faire travailler jusqu'au dernier moment. Elle a pensé que si je savais que notre départ était si prochain, je n'aurais plus rien fait du tout, et elle ne m'en a averti que deux jours avant. Je pense que tu t'intéresses aux études de ton petit frère ; ainsi je vais te dire la classe dans laquelle je vais entrer et les craintes que j'éprouve de me trouver à la fin de la classe, à la queue, comme nous disons. Cette année, j'étais en 2e à Lyon, mais comme à Paris les mathématiques commencent un an plus tôt, et qu'ainsi on apprend en 4e ce qu'à Lyon on apprend en 3e, j'entre à Louis-le-Grand en 3e et malgré cela je crains bien de me trouver en retard. Peut-être trouverai-je des préventions, plus encore de la part des maîtres que des élèves, et, dès que je dirai que je viens de Lyon, me croira-t-on plus faible que je ne suis. Quant à Théodore, il doit bientôt être assez grand pour entrer dans un collège ; je le trouverai bien changé, bien portant sans doute, comme j'espère d'ailleurs trouver M. Alphonse, ma sœur, M. et Mme Ducessois, tout le monde enfin.

Adieu, mon frère, ou plutôt au revoir, car je compte te voir bientôt.

CH. BAUDELAIRE.

XXXIII

À MADAME AUPICK

22 mars [1837].

Maman,

Je suis 5ᵉ en anglais et 17ᵉ en thème grec. Ces deux places me font perdre les deux prix. On sort demain à 8 heures et François viendra après-demain. Je crains que papa ne soit encore un peu malade à cause du temps et de cette neige [1]. Si ce temps continue, il n'y aura pas de voyage de Versailles. Pendant le congé de Pâques je ferai tous les matins avant le déjeuner un peu d'histoire ; cette composition sur laquelle j'espérais ne comptera pas pour les prix.

Veux-tu avoir la complaisance de mettre dans ma chambre un pot-à-eau et une cuvette, avec un peu de savon si tu en as, pour qu'en me levant de bonne heure je ne te réveille pas en descendant dans le cabinet.

Quand même le temps serait beau, ce voyage de Versailles serait bien fatigant pour papa qui se portera à peine bien. Si par hasard en revenant il retombait malade ? Si nous voulons le faire, il faudra le reculer jusqu'aux derniers jours du congé pour être bien sûrs qu'il ait assez de forces.

CH. BAUDELAIRE.

XXXIV

À LA MÊME

[*avril 1837*].

Ma bonne mère,

Je voudrais savoir des nouvelles de papa, s'il souffre beaucoup, si l'on pensera bientôt à fermer la plaie, s'il s'ennuie bien, s'il te parle de moi, tout ce que tu pourras me dire. Quand je suis parti dimanche soir, il commençait à sentir des douleurs ; ça a-t-il eu des suites ? Est-ce maintenant M. Choquet qui le soigne ? Car tu m'as dit qu'il désirait surtout être soigné par lui. Et maintenant il faut aussi que je te demande de tes nouvelles ; je t'ai laissée avec le mal de dents et craignant de passer une mauvaise nuit. Si tu as été continuellement chez le dentiste, c'est peut-être passé tout à fait ? Enfin je veux savoir tout cela. Tu me l'écriras, ou bien tu enverras Joseph au collège ; il m'apportera en même temps, s'il peut, deux volumes (*Cours de littérature* de Noël ; 2e rayon). Serais-tu assez complaisante pour recouvrir chaque livre solidement de papier, ou d'étoffe que tu coudrais ? Au surplus tu n'en as peut-être pas le temps. Car il faut songer à papa avant tout ; et puisque, lorsqu'il est en bonne santé, il s'occupe tant de nous amuser, il faut être à lui quand il est malade. Dernièrement j'ai été très honteux qu'il m'eût entendu te répondre lestement ; aussi, maman, je te fais mes excuses.

Si cela te fait plaisir de savoir pourquoi je redemande mon cours de littérature, voilà : tu sais que je me trouvais bien moins fort cette année en vers que l'année passée ; je me décourageais ; aussi, franchement, je ne faisais plus grand'chose dans cette faculté. Mon professeur me faisait chaque fois des sermons. Le proviseur même m'en a parlé. Le professeur n'a-t-il pas été jusqu'à me dire dans son style : « Travaillez donc les vers latins, c'est une corde d'avenir que vous cassez ! » Ça m'a fait rire. Enfin, songeant qu'il y avait peu de temps avant le concours, je me suis remis fortement à l'ouvrage, si bien que le voilà enchanté de mes pièces de vers ; moins pour moi que pour lui, bien entendu, car j'ai remarqué que si je fais de mauvais vers, il [est] très mécontent, et si je néglige le grec, ou toute autre chose, à peine me le fait-il voir [1]. Outre les répétiteurs que le collège nous donne, un ancien élève du collège qui a eu autrefois des succès et qui est maintenant précepteur des enfants de M. Rothschild, je crois, a proposé au proviseur de nous donner des répétitions spécialement pour les vers. Ce jeune homme m'a demandé ce matin si ses répétitions m'amusaient. J'ai été fort étonné. J'ai protesté, bien entendu, que oui. Puis il a voulu causer un instant avec moi, m'a parlé du concours, m'a proposé de me prêter de sa bibliothèque les livres que je désirerais et qui auraient quelque rapport à mes études ; que seulement il ne me prêterait ni romans ni autre chose de ce genre, parce qu'il m'exposerait lui-même. J'ai fait mille remerciements. Comme ce n'est peut-être qu'une offre de politesse et qu'au fond il ne s'en soucie guère, je me garderai bien d'en profiter. Et voilà. Je ne sais [ce] que ça veut dire ; en attendant je vais piocher.

Je t'embrasse bien, toi et papa.

Si ce mauvais temps continuait, il y aurait presque

cruauté à ce que Joseph vînt uniquement à cause de moi au collège. Sinon, qu'il m'apporte bien de vos nouvelles.

CHARLES.

XXXV

À LA MÊME

30. [*1837*].

Maman,

J'ai une triste nouvelle à t'annoncer; je suis en retenue dimanche, et pour une niaiserie, pour m'être permis de dessiner à la plume au dessin. C'est dur, n'est-ce pas? Mais, ma foi, j'ai voulu te l'écrire de suite de peur que tu n'envoyasses Joseph me chercher. Je pense que tu m'excuseras toi-même pour une minutie semblable. On vient de donner des places, je suis 7ᵉ. Adieu. Je suis désolé. Embrasse bien papa pour moi; vois si tu veux me faire sortir jeudi ou dimanche prochain; lequel est préférable pour toi?

CHARLES.

XXXVI

À LA MÊME

[*1837*].

Maman,

Hier, tous ceux de notre compagnie qui vont à la veillée ont demandé à ne plus y aller ; le proviseur s'est mis en colère de ce qu'à l'approche du concours on ne voulût plus aller à la veillée, qu'il nous a tous privés de sortie jusqu'à nouvel ordre (*sic*). C'est pour moi une nouvelle raison de travailler, et en tout si je peux, pour éviter toute contrariété avec le proviseur ; car il a été furieux de cette demande. Il a crié avec une voix tonnante que cette maudite classe qui depuis la 6e faisait sa désolation ne lui ferait jamais honneur au concours. Enfin nous attendrons peut-être longtemps qu'il nous permette de sortir. Je n'ai pas encore raconté cela à M. Gros. Quant à mon professeur, il est content de moi. Je suis 7e en histoire et 2e en anglais.

M. Massoni m'a dit que dernièrement il avait vu papa et qu'il avait passé une mauvaise nuit. Je t'en prie, donne-moi de ses nouvelles en m'écrivant. Dis-moi s'il souffre moins et si on pense à fermer la plaie. Embrasse-le pour moi. Ainsi me voilà empêché de le voir Dieu sait jusqu'à quand pour ce M. Pierrot qui trouve étrange qu'on veuille dormir une heure de plus au lieu de songer à lui donner des nominations au concours. Adieu, je vais travailler beaucoup pour tâcher d'oublier que mes sorties me sont ôtées.

Je lis maintenant *Simple story* en anglais pendant mes récréations. Adieu, embrasse papa pour moi. Puisse-t-il aller mieux.

CHARLES.

XXXVII

À LA MÊME

[juillet 1837].

Mon Dieu, maman, je suis désolé : tous mes projets de m'amuser avec toi et papa sont inutiles ; je ne sors pas demain ; je suis privé de sortie pour n'avoir pas composé en chimie. Ce qu'il y a de plus vexant, c'est que, passé demain, ma permission de sortie n'est plus valable. Ainsi ma place de 1er en vers m'aura été aussi inutile que celle de 1er en version grecque. J'ai perdu l'une, j'ai attendu trop tard pour l'autre. Je ne peux pas sortir demain. J'ai encore fait hier pour les prix une composition détestable. J'en ferai apparemment d'aussi mauvaises au concours. Je ne te vois plus, aussi je suis maussade et je m'ennuie.

Papa va être bien mécontent de ce que je ne sorte pas demain, lui qui avait arrangé une partie. Je ne [sais] comment réparer cela. Et que ferai-je pendant les vacances ? Et que ferai-je l'année prochaine ? Cette Rhétorique me fait peur ; il me semble que je ne saurai jamais m'en tirer. Samedi prochain je ferai un dernier effort au concours pour y avoir au moins quelque chose, puisque je vois que je [n'ai] rien à espérer au collège.

CHARLES.

Si tu viens, n'oublie pas un peu d'argent ; j'en ai besoin.

Demain il n'y a de récréation que celle de 7 heures et demie.

Si tu veux venir me voir, évite de venir Lundi à midi et demi. Je n'y serai pas.

XXXVIII

À LA MÊME

[*1837*]

Voici ta lettre que j'ai retrouvée. Nos places ne sont pas données et je ne sais pas pourquoi. Je vais composer en anglais. Je ne suis jamais au courant de rien : hier j'aurais pu rester jusqu'à 10 heures. Il y a toujours deux feux d'artifice ; l'autre se trouvait au Roule. Tu sais que je voulais acheter un ouvrage ; pour mes 14 sous j'en ai acheté deux ; c'est mieux encore ; *Voyage sentimental* et *Lettres péruviennes*. Tu verras. Si tu as le temps de me répondre, tu me donneras des nouvelles de papa, et sur cette nouvelle opération et sur la nuit qu'il a passée.

Je t'embrasse bien.

CHARLES.

XXXIX

À LA MÊME

[août 1837].

N'oublie pas, maman, de venir chercher des livres, viens bien vite ; tu seras contente, j'ai le 2e prix de vers au concours, et par conséquent réconcilié avec Proviseur et Censeur. Dis-le à papa et embrasse-le.

CHARLES.

XL

À M. BAUDELAIRE

Jeudi 2 novembre [1837].

Mon frère,

Je m'aperçois bien que tu me gardes rancune, puisque tu ne m'as pas écrit que tu avais pardonné, puisque je ne te vois pas, et que tu es peut-être venu à Paris sans que je t'aie vu. Cela me fait de la peine. On gronde bien les enfants quand ils font des sottises, mais on ne leur tient pas rigueur, et la rancune ne convient pas aux grandes personnes envers les petites.

Ma seule faute, ou plutôt toutes les fautes que je fais sont causées par une éternelle paresse qui fait que je remets toujours tout au lendemain, même d'écrire aux personnes que j'aime beaucoup. Cette peine que j'éprouve à mettre mes idées sur le papier est presque invincible ; et au collège, quelle répugnance j'éprouve à recopier mes devoirs ! Je ne sais vraiment pas comment font les personnes qui sont dans des places où existe une correspondance très active.

Mais quand il s'agit d'apaiser un frère irrité de ce qu'on ne lui fait pas part d'un prix [1], comme il ne se fâche que par amitié, alors on écrirait lettre sur lettre pour obtenir son pardon ; et si cette nouvelle peut encore le disposer à l'indulgence, nous lui dirons que notre première place en entrant en rhétorique a été 1er. Ah ! Etes-vous encore bien disposé à me gronder ? Si tu l'es encore, cela prouve que tu m'aimes davantage ; ainsi cela t'est permis. Je fais des efforts incroyables pour t'écrire cela lisiblement, parce que je suis au lit, que toutes les positions me fatiguent également et que je fais toujours des pattes de mouche, n'importe quelle nouvelle attitude je cherche. Je suis au lit parce que je suis un maladroit. J'ai fait une chute de cheval en me promenant avec papa du côté du chemin de fer et j'ai une forte contusion au genou. Quelques minutes après ma chute, je suis remonté à cheval et nous nous sommes encore promenés pendant trois heures sans que j'éprouvasse aucune douleur. Mais en rentrant à la maison et en mettant pied à terre, je me suis aperçu qu'une de mes jambes ne pouvait pas me porter. Et maintenant me voilà cloué au lit, c'est-à-dire vivant à demi, enviant tous ceux que je vois marcher. Maman se désole de ce que je perde ainsi des classes ; et moi-même je crains de manquer la composition de mardi. Du reste, ce maudit accident n'a pas ralenti mon amour de monter à cheval ; je brûle de recommencer et je dis à

ceux qui me recommandent de ne plus tomber que je tâcherai de tomber au moins sur une autre partie du corps.

Je voudrais bien que tu me fisses une peinture de ton
nouvel établissement, de ta nouvelle maison ; es-tu content, bien logé ? T'amuses-tu beaucoup ? On envie tant
ceux qui s'amusent quand on est au lit ! Pourvu que tu ne
sois pas au lit toi-même, que tu te portes bien, que tu
voies autour de toi tout le monde en bonne santé, et ma
sœur, et Théodore ! Parle-moi de tout, je veux tout savoir.
Je suis tout alarmé de tes remontrances ; il faut me
tranquilliser ; puisque tu as la bonté de tant t'intéresser à
mes succès, je te réponds que maintenant, si j'en ai
encore, tu les sauras à l'avance, si c'est possible. Adieu.
Papa et maman te souhaitent le contentement dans ta nouvelle charge et te demandent si tu as beaucoup à faire [2].

Ton frère.

CHARLES.

XLI

À MADAME AUPICK

[6 novembre 1837].

Maman,

Je t'écris un mot pour te dire que toutes choses ont
été au mieux. Je vais te raconter les choses depuis le
moment où je t'ai quittée, n'ayant rien à faire pour le
moment. A peine rentré avec le Censeur, j'ôtai par
hasard mon chapeau, et alors l'un des secrétaires s'est

mis à dire – remarque bien que c'est le plus malhon-
nête, celui qui t'a si mal reçue – il a donc dit : « Il
paraît, M. le Censeur, que vous avez fait subitement
passer le rhume de M. Baudelaire. Maintenant que vous
êtes ici, il ôte son chapeau ; et il l'a gardé tout à l'heure
tout le temps que j'étais seul ici. » Le Censeur me
regarda en riant, ce qui montrait bien qu'il n'avait envie
de me faire aucun reproche à cause de cela. Et moi, je
n'ai rien daigné répondre à cet homme ; enfoncé dans
ma chaise, je l'ai regardé, comme pour lui dire qu'il
était à son tour bien insolent de réclamer.

Le Censeur n'a pas osé de son chef établir toutes
choses et m'installer définitivement à l'infirmerie ; mais
plus tard le proviseur a tout confirmé ; il m'a parlé avec
bonté de la classe, de la manière dont je m'y trouvais.
Là-dessus j'ai donc été me déshabiller et faire mon
déménagement. En entrant dans le quartier, mes camarades ont paru tout étonnés de me voir boiter [1]. Puis
j'ai manqué me jeter par terre dans un corridor tout
noir. Ensuite j'ai chargé mes poches de toutes mes
affaires de toilette et de tous les livres qui me sont
nécessaires à l'infirmerie. Plusieurs de mes camarades,
en me voyant prendre mes livres, ont cru que je partais
définitivement du collège. Mais vois-tu mon embarras ?
Une trentaine de volumes dans les bras, un immense
trajet à faire de l'infirmerie au quartier, des escaliers à
monter et à descendre, et tout cela, chargé, et boiteux ;
je ne sais vraiment pas comment je m'en serais tiré si
un domestique du proviseur, que j'ai rencontré par
hasard, ne m'avait porté mes livres. Maintenant voici
ma vie : je me lèverai à l'heure qu'il me plaira, je ne
marcherai dans la journée que pour aller deux fois en
classe, et je ferai tous les devoirs. Quoique je me serve
du liniment de M. Choquet, je parlerai au chirurgien du

collège. Tu m'as laissé un mouchoir ; si tu le viens chercher, ou quand tu viendras me voir, ne me viens pas trouver à l'infirmerie, parce qu'il te faudrait traverser la cour, et que quelques élèves en courant pourraient, sans le vouloir, te renverser sur le pavé ; tu te tuerais. Je t'en supplie, fais-moi venir au parloir, ne viens pas à l'infirmerie ; insiste auprès du portier pour qu'on me vienne chercher à l'infirmerie, dis-le-lui bien ; autrement il pourrait ne pas m'envoyer chercher, ou bien aller à mon ancien quartier. Quand tu m'enverras chercher Dimanche, il ne faut pas que Joseph, s'il veut que je vienne, oublie de dire que c'est à l'infirmerie qu'on doit aller m'appeler. Rappelle-toi bien tout cela. Adieu. Je promets bien, à toi et à papa, de travailler.

CHARLES.

Demain matin, je compose en discours latin.

XLII

À LA MÊME

[*7 novembre 1837*].

Maman,

Je t'ai écrit hier au soir des merveilles. Eh bien, tout a changé. Ce matin on m'a empêché de me lever avant que le chirurgien fût venu. Enfin il est venu ; j'espérais que ce serait pour me délivrer ; pas du tout. Le médecin et lui ont trouvé qu'il avait été absurde de me laisser venir au collège ; que j'étais dans un état pitoyable ; qu'il fallait me défendre d'aller en classe et de travailler. Tout ce que j'ai pu obtenir a été de composer aujourd'hui. Mais me voilà au lit, et Dieu sait jusques à quand. Ces deux vieux imbéciles ont trouvé que j'avais au genou une hydropisie aqueuse, et, pour cela, il s'agit de compresses humectées d'eau minérale ; que sais-je, moi ! me voilà de nouveau au lit, emprisonné, à la merci de deux bourreaux que je voudrais étrangler. De ma cellule, je vois un beau ciel, des rayons de soleil ; eh bien, tout cela, on me l'a ôté ; il faut encore s'ennuyer, languir, perdre son temps ; et tout cela parce qu'on voit une hydropisie que je n'ai probablement pas. M. Choquet ne l'a pas vue, cette hydropisie. En vérité, la Faculté est bien d'accord avec elle-même ! Je t'en prie, viens me voir, à quelque heure que tu voudras ; mais évite midi et demi pour n'être pas obligée de traverser la cour pendant la récréation ; tu risquerais d'être renversée. Tu viendrais me trouver à l'infirmerie, car je suis dans mon lit. Figure-toi que je viens d'apprendre que, malgré mon hydropisie, on n'a commandé pour moi aucun traitement. J'en guérirai peut-être mieux. Adieu. Aie pitié de moi.

CHARLES.

XLIII

À LA MÊME

[*16 novembre 1837*].

Ma bonne mère,

Grande joie ! Pour moi et pour toi. Je rentre dans la classe Lundi matin. Le médecin me l'a dit. Enfin, c'est heureux, je vais donc quitter ma prison 1 Le proviseur m'a dit que pendant les promenades et les récréations je viendrais à l'infirmerie pour ne pas me fatiguer ; je garderai toujours une bande. Je t'en prie, viens demain à 7 heures et demie si tu peux ; tu m'emmèneras et je passerai mon Dimanche hors de ce collège. Tu viendras à l'infirmerie ; je m'habillerai et puis, avant de partir, je transporterai tous mes livres dans la salle d'étude. Ah ! je t'assure que j'ai besoin de te voir, de voir papa un jour entier ; j'ai besoin de rentrer dans la vie. Je suis heureux, content, fou. Je vais demain soir rentrer dans la salle d'étude retrempé à la maison paternelle, et travailler.

N'oublie pas l'argent que tu donneras au garçon de l'infirmerie.

Adieu, amour, réjouis-toi avec papa de ces bonnes nouvelles.

CHARLES.

XLIV

À LA MÊME

Mardi soir [*21 novembre 1837*],

On n'a pas composé
ce matin.

Ma bonne mère,

Je suis 3ᵉ en vers. Après cela je t'écris pour te demander une chose que je n'ose dire ; mais enfin, au fait : c'est de l'argent pour un livre d'histoire. Je me suis de nouveau mis aux enquêtes. Le censeur m'a indiqué l'*Histoire* du président Hénault. Une des *sœurs* a eu la bonté d'aller pour moi trouver ce livre chez les bouquinistes. Elle me l'a apporté. Cinq beaux volumes d'occasion, 7 francs. On viendra chercher demain la réponse et savoir si je les prends, et les remporter si je ne veux pas. Ma pauvre mère, j'ai bien peur de te mettre dans la gêne ; vois, tu es la maîtresse. Je n'ai pas le droit de faire la moindre observation si tu me refuses. Mais j'avoue que je serais honteux de renvoyer ces livres après la peine qu'on s'est donné pour me les trouver. D'ailleurs l'ouvrage est beau, utile. Si cela peut parler en ma faveur, je te rappellerai une chose : l'année passée je t'écrivis pour te demander le *Cours de littérature latine* de Noël ; tu en fis la dépense. Eh bien, je suis persuadé que c'est à Noël que je dois mon prix de vers. Je ne veux pas dire que l'*Histoire de France* de Hénault fera de moi un élève brillant en histoire, du tout ; mais peut-être devrai-je à tes 7 francs de savoir l'histoire de France. Vois ; si tu y consens, viens, ou, si tu es au lit, envoie Joseph avec l'argent, ou écris-moi pour me dire de renvoyer les livres. Je suis désolé de te demander tant d'argent, mais jamais je ne t'en demanderai pour des choses futiles ; jamais nous n'achèterons plus de gâteaux dehors ; franchement, je n'ai pas besoin de *semaines* à l'infirmerie, si ce n'est pour du papier ; alors je t'en demanderai ; aussi prends sur mes *semaines* le prix de cet ouvrage.

Dis ma place à papa, quoiqu'elle ne soit pas merveilleuse.

CHARLES

XLV

À LA MÊME

[*6 décembre 1837*].

Ma bonne mère,

Ce matin, je n'ai pas eu le temps de te dire
grand'chose. Peut-être as-tu été fâchée de la manière
brusque avec laquelle je t'ai accueillie, toi qui as la
bonté de venir me tenir compagnie ; je t'en demande
bien pardon ; et pour l'obtenir j'ai quelque chose
d'efficace : je suis 2e en version latine. Ce matin j'ai
composé en version grecque. J'ai montré ma composition au censeur ; elle est criblée de contre-sens. Je ne
serai pas même le 40e et je serai couvert de honte.

J'ai fini tous mes devoirs et M. Rinn ne viendra que
Jeudi soir. Ainsi je te prie de m'envoyer *Les derniers
jours d'un condamné* et de le louer pour moi. Je l'aurai
bien lu avant Jeudi soir. Tu pourras venir le rechercher
Vendredi matin. S'il y a plusieurs volumes, envoie-moi
tout d'un coup. C'est aujourd'hui mardi ; Joseph pourrait m'apporter cela demain, le matin. Pardon, si je
t'ennuie pour mes plaisirs ; c'est à toi la faute ; tu es si
bonne que tu m'as accoutumé à te demander beaucoup.
Amour, je suis 2e en version. Remercie bien papa pour
la visite qu'il m'a faite, elle m'a fait un plaisir infini ;
ses visites ne sont pas fréquentes ; mais plus les choses

sont rares et plus elles sont précieuses. Je l'aime bien, ce père ; il ne faut pas oublier de lui dire ma place.

Ma jambe va mieux.

Adieu.

CHARLES.

XLVI

À LA MÊME

[janvier 1838].

Ma bonne mère,

Puisque tu n'es pas venue aujourd'hui au collège, je présume que tu es malade, ou que le coiffeur ou quelque autre chose t'a empêchée de venir. Ainsi je t'écris pour que tu m'envoies chercher demain à l'heure ordinaire. Je crains bien que cette lettre n'arrive pas à temps, parce que j'ai tardé à l'écrire, t'attendant toi-même pour t'annoncer la sortie.

Ma jambe varie selon le temps ; les jours de brouillard elle est faible ; aujourd'hui j'ai un singulier engourdissement dans le pied. Cependant elle va mieux. Je voudrais bien qu'il en fût de même de papa. Adieu, ma bonne mère ; dis-lui bien des tendresses pour moi. Mon frère m'a-t-il répondu ?

CHARLES.

XLVII

À LA MÊME

[*1838*].

Victoire ! Je sors demain : ayant été premier au dessin, on m'a donné une exemption, et l'on m'a fait passer dans la première division où l'on dessine des académies d'après la bosse. Voilà qui, j'espère, te fera plaisir, toi qui t'intéresses au dessin. Une chose singulière, c'est que mon genou me fait toujours mal en certains moments. Bien des choses à papa.

CHARLES.

XLVIII

À M. BAUDELAIRE

[*5 mars 1838*].

Mon frère,

Comme je n'entends plus parler de toi, la crainte m'est venue que tu ne fusses malade, ou que quelqu'un chez toi le fût ; aussi je t'écris, pour t'obliger à me répondre. Es-tu donc si affairé que tu ne puisses m'envoyer deux mots ? Faut-il pour t'engager à m'écrire te parler de ce que je fais au collège ? Eh bien, je suis premier en discours français ; es-tu content ? Mais plus je vois approcher le moment de sortir du collège et d'entrer dans la vie, plus je m'effraie ; car alors il faudra travailler, et sérieusement ; et c'est une chose effrayante à penser.

Maman m'a dit que tu avais un assez grand nombre de pièces de vers que notre père avait faites. Veux-tu m'en envoyer quelques-unes, toutes si c'est possible ? Il m'a pris une grande curiosité de les voir ; et ce sera un grand plaisir que de les lire.

J'espère que Théodore se porte bien, malgré que tu n'en dises rien ; maman et papa te disent bien des choses. Adieu, et réponds-moi si tu en as le temps.

CHARLES.

XLIX

À MADAME AUPICK

[*Mai 1838*].

Je suis en retenue jusqu'à nouvel ordre, de midi et demi à une heure et demie. C'est une punition générale, pour avoir murmuré contre un maître. Mais probablement on nous exemptera bientôt. Je te l'ai vite écrit de peur que tu ne viennes, ou papa lui-même, pour me voir à cette heure-là.

Je t'en prie, n'oublie pas le caleçon bleu, petite armoire de la première chambre.

Je t'avertirai dès que la retenue sera levée.

CH. BAUDELAIRE.

L

À LA MÊME

[*Mai 1838*].

Je ne puis pas sortir Dimanche ; M. Durozoir m'a mis en retenue ; comme je n'aime pas à prier un maître, je n'ai rien dit et me suis soumis à mon sort. Je ne sais pas si je ne sortirai pas Jeudi, car puisque tu vas partir [1] il faut que je te voie le plus souvent possible et que je profite des derniers instants ; ainsi tu peux venir me voir pour me consoler ; rien ne me fera plus de plaisir.

CHARLES.

LI

À LA MÊME

[*juin 1838*].

N° 1

Ma bonne mère, je viens de recevoir ta lettre ; si tu savais combien j'éprouve de plaisir à t'entendre me dire que tu penses toujours à moi ; que tu t'occupes toujours de moi ; qu'il faut bien travailler, qu'il faut être un homme distingué! Tu appelles cela ton refrain; je t'ai entendu dire que tu devais fatiguer en répétant toujours la même chose. Eh bien non! J'ai éprouvé le plus grand plaisir à lire ces avis. Serait-ce que, ne les entendant plus depuis quelque temps, je les aurais trouvés agréables et comme nouveaux? Ou bien les mères trouvent-elles dans leur continuelle sollicitude du talent pour reproduire toujours les mêmes pensées et un style nouveau pour les rajeunir? Ceci peut paraître une plaisanterie; mais, au fond, pourquoi ne serait-ce pas?

Tu veux savoir mes places. J'ai une mauvaise nouvelle à t'annoncer; je suis 14e en version latine. C'était tiré d'un auteur fort obscur et fort mauvais. M. Rinn me dit en riant et comme pour me consoler qu'on pourrait presque être fier de ne pas comprendre ces écrivains, tant ils sont ridicules. Il est toujours bon, complaisant. Je suis enchanté et je m'applaudis d'avoir rencontré *une fois* un maître que j'aime. Dernièrement, impatienté de me voir causer, il me punit et me dit à la fin de la classe : « Baudelaire, vous devez être bien mécontent de moi, j'ai trouvé aujourd'hui vos devoirs mauvais et je vous ai mis en retenue. » Je lui répondis qu'à moi, il ne m'était pas permis d'avoir de l'humeur quand il me punissait, à cause de sa bienveillance. Et comme il me disait : « Je vous assure qu'il en coûte bien pour punir ses amis », je lui répondis encore : « Avec ce mot-là, les punitions ne peuvent pas faire de peine. » M. Rinn est le seul maître à qui je dise de ces choses-là sans rougir. Pour un autre, je serais honteux de lui avoir dit uns vile flatterie; mais on n'a jamais honte de dire ce qu'on pense aux personnes qu'on affectionne. Et c'est pour cela, quoi que tu dises, qu'on ne craint jamais d'embrasser sa mère devant la foule du parloir.

Voici ma vie : je lis les livres que l'on me permet de

prendre à la bibliothèque, je travaille, je fais des vers, mais maintenant ils sont détestables. Malgré cela je m'ennuie. La grande raison, c'est que je ne vous vois plus. D'autres s'y mêlent. Les conversations que nous faisons au collège sont souvent inutiles et fort ennuyeuses ; aussi ai-je souvent quitté la société des camarades avec qui je suis lié, tantôt pour me promener seul, tantôt pour aller essayer d'autres sociétés et d'autres conversations ; ces fréquentes absences ont choqué mes amis, et pour ne pas les vexer davantage je suis revenu à eux ; mais la conversation n'y est jamais que du bavardage ; j'aime mieux nos longs silences, de 6 heures à 9 heures, pendant lesquels tu travailles et papa lit.

Un de mes grands sujets de pensées, ce sont les occupations de vacances ; tout ce que m'a promis papa, l'anglais, les promenades, l'équitation, l'exercice, tout cela me trotte dans la tête ; je compte lire etc. etc...

Ensuite je pense souvent au concours ; et comme je sais l'importance que tu y attaches, il me prend une espèce de peur. Je me sens si faible que je suis persuadé que je n'obtiendrai rien et qu'il y aura des larmes. Aussi j'en ressens de la peine par avance.

Dis à papa que la dernière conversation que nous avons eue au parloir m'a fait un plaisir infini. Certes je l'aimerai bien pendant les vacances puisque chaque jour j'en pourrai avoir de pareilles.

                                        CHARLES.

Mme d'Abrantès vient de mourir. MM. Dumas et Hugo étaient à l'enterrement. M. Hugo a prononcé quelques mots. Voilà ce que dit le journal. Au Collège même on sait chaque nouvelle de dehors.

LII

À LA MÊME

N° 2

Mardi [juin 1838].

Ma bonne mère,

Je te l'ai déjà dit, tes redites de *travail* et de *bonne conduite* ne me fatigueront jamais, parce que maintenant, jusqu'aux reproches, j'aime tout ce qui vient de toi. Toutes les fois que tu me dis « *travaille bien*, conduis-toi bien, sois un homme distingué », quand tu le dirais cent fois, ce serait comme si tu me disais cent fois : je t'aime bien ; ainsi dis, dis toujours ; mais aussi donne-moi des descriptions de lieux, j'en attends un grand nombre.

M. Emon [1], qui est venu me voir deux fois, s'étonne beaucoup du chemin que vous avez pris et dit que vous perdez votre temps en route ; il a été surpris quand je lui ai dit que vous étiez passés à Clermont et il vous demande si vous avez changé le chemin que vous aviez d'abord adopté. En vérité M. Emon est fort bon ; il vient deux fois par semaine, le mardi et le vendredi, ce qui doit te faire honte ; ses visites sont agréables, mais nous ne causons que sciences, que choses importantes, parce qu'avec lui je ne puis pas avoir le laisser-aller que j'ai avec toi ou avec papa. Et puis je fais bien ; je suis comme un chien fidèle, je ne flatte pas les étrangers et je garde un trésor de caresses à ceux qui sont absents. Dernièrement, Monsieur et moi causions magnétisme; lui, c'est un incrédule en fait de magnétisme; voilà comme cette conversation est venue : je me promène et je cause souvent avec un de mes camarades qui s'occupe exclusivement de sciences, de géologie, d'antiquité, de chimie, de botanique. Il voit un grand nombre de médecins, de savants connus, MM. de France, Brongniart, Geoffroy-Saint-Hilaire etc., le médecin Duméril; ce sont probablement ses parents ou des amis qui s'occupent de sciences qui lui ont fait voir ces messieurs; or dernièrement notre conversation tombe sur le magnétisme animal; comme je ne savais rien là-dessus, et qu'il en savait plus que moi, j'ai profité de l'occasion et je me suis un peu instruit. Mais cela a fini par des histoires si extraordinaires, si mer-veilleuses, que je ne peux pas vous les redire, vous en ririez trop; moi qui aime beaucoup le merveilleux, je ne crois pas, il est vrai, mais je n'en ris pas. Cet élève m'a dit que quelques médecins de la Faculté croyaient au magnétisme, le connaissaient même à fond, et pourtant en avaient nié la puissance et les effets à cause des dangers et des accidents qui pourraient survenir si cette science se répandait. Enfin pour avoir une idée fixe là-dessus, je m'adressai à M. Emon, mais lui ne croit rien, sauf à un effet purement naturel, mais qui ne réveille pas du tout de sens intérieur : alors je me suis dit que c'était encore une science dont il faudrait prendre quelques notions au sortir du collège.

Mme Olivier est venue pour me voir; elle m'a com-blé d'amitiés, de prévenances, d'offres de services; jamais je ne l'avais vue si bonne. Elle était en deuil; son pauvre père vient de mourir, subitement, d'un coup d'apoplexie, pendant un orage ; les médecins disent que l'orage aura eu quelque influence sur sa mort.

Nous composons ce matin en discours français ; je vais m'appliquer de toutes mes forces, tant je suis irrité de ma mauvaise place en version ; au moins, si j'en ai une mauvaise cette fois, je n'aurai rien à me reprocher.

Bien des choses à papa. Dis-lui toujours que je pense aux plaisirs et aux études des vacances. Et vous, voyez le plus de beaux endroits qu'il vous sera possible, pour me les raconter.

CHARLES.

LIII

À LA MÊME

[fin juin 1838].

N° 3

Ma bonne mère,

J'attends une lettre de toi avec bien de l'impatience ; il me semble que voilà bien longtemps que je n'en ai pas reçu. Mes jours s'en vont un à un, bien tristement. Je sens venir la fin de l'année, et cela me fait peur à cause du concours où il n'y a, je crois, rien à espérer pour moi. Je sens venir la vie avec encore plus de peur. Toutes les connaissances qu'il faudra acquérir, tout le mouvement qu'il faudra se donner pour trouver une place vide au milieu du monde, tout cela m'effraie.

Enfin je suis fait pour vivre, je ferai de mon mieux ; il me semble ensuite que dans cette science qu'il faut acquérir, dans cette lutte avec les autres, dans cette difficulté même, il doit y avoir un plaisir.

Nous avons composé en discours français et en discours latin ; on ne composera plus en discours latin que pour les prix. Nos places sont toujours retardées.

Mme Jaquotot [1] m'a écrit une lettre pour savoir de tes nouvelles et me demander si je pourrais aller passer une journée chez elle ; pour éviter de sortir, et donner une excuse parfaite, j'ai imaginé de dire que j'étais privé de sortie jusqu'à la fin de l'année.

Je t'en prie, écris-moi, dis-moi ce que tu vois et donne-moi surtout des nouvelles de papa : maintenant que vous êtes sans doute arrivés à Barèges, je désire avoir constamment des nouvelles et suivre sa guérison comme si j'étais avec vous.

Toujours je songe aux vacances, moins encore pour les plaisirs que pour le travail que je me propose ; je veux remplir la journée ; et en vérité si j'exécutais ponctuellement ce que je me promets à moi-même, je crois que le temps me manquerait. Je sais bien [ce] que tu dis dès que je parle de projets semblables ; mais tu sais aussi combien j'ai de courage et même comme je fais vite quand la nécessité me presse ; eh bien ! la nécessité de la vie va bientôt venir ; alors qui sait si subitement je ne changerai pas pour toujours, comme je change parfois subitement pour des devoirs de collège ? Alors qui sait ce que la nécessité me donnera de mémoire et d'activité ? Pourtant une autre chose m'effraie. Quand je commence à considérer la somme énorme des bienfaits que je te dois, je vois qu'il n'y a pas d'autre moyen de te les payer que par des jouissances d'amour-propre, des succès. Mais, ma pauvre mère, si la nature ne m'a pas fait apte à te contenter, si je suis trop pauvre d'esprit pour contenter ton ambition, alors tu mourras donc avant que j'aie su te récompenser faiblement de toutes les peines que tu t'es données ; je t'assure que je dis cela de bonne foi ; car pour quelques succès de collège, moi qui sais comment on les obtient, je les regarde comme des choses bien vaines et bien insigni-fiantes, j'y trouve à peine une preuve en faveur de mon esprit. Enfin je travaillerai.

Embrasse bien papa pour moi et donne-moi de ses nouvelles. Dis-moi s'il faut mettre sur chaque lettre que je t'adresse : je prie M. Copenhague d'envoyer etc. ou simplement une enveloppe.

CHARLES.

Jusqu'à présent j'ai mis simplement sur l'adresse *à M. Copenhague pour envoyer à Mme Aupick,* et ne lui indiquant pas que ces lettres venaient de moi, je crains qu'il ne vous les ait pas envoyées.

LIV

À LA MÊME

[fin juin 1838].

N° 4

Ma bonne, bonne mère, tu ne m'écris plus. Je m'ennuie à mourir, je t'aime plus que jamais, je pense plus que jamais aux vacances, et j'ai surtout peur des concours. Il me semble qu'on s'aperçoit bien mieux du prix des personnes lorsqu'elles sont absentes. Voilà le vide qui se fait, qui s'agrandit ; il est vrai que M. Emon vient me voir ; mais que lui dirai-je quand tous les sujets de conversation que je puis avoir avec lui seront épuisés ? Tandis que toi, nous n'avons qu'à parler, toi du travail, moi combien je t'aime, et nous sommes charmés l'un de l'autre. Tu ne m'écris plus du tout ; je voudrais bien avoir des nouvelles de papa. Est-ce que par hasard mes lettres ne vous arriveraient plus ? Embrasse-le bien pour moi. Ma bonne mère, si tu savais combien je veux jouir de toi, et te rendre hommage avant que tu ne meures ! Je te demande pardon de n'écrire que cela ; mais les *devoirs* pressent, et j'en suis assommé.

CHARLES.

LV

À M. AUPICK

[*juillet 1838*].

Papa,

Je te demande pardon de ne t'avoir répondu plus tôt ; je voulais vous donner des places. Elles sont toutes venues à la fois. Je suis 6e en discours français, 4e en discours latin, 1er en vers latins. Maintenant on s'occupe des compositions des prix et nous passons nos journées à la promenade ; pas de devoirs. Voici les heures d'oisiveté qui viennent et se prolongeront jusqu'à la fin de l'année ; moi, je lis continuellement. Je ne pense pas du tout aux compositions, je ne m'en inquiète pas du tout ; seulement, le jour venu, j'y mets toute mon application. Le concours seul me fait peur ; je vois que maman a une telle envie de me voir nommé au concours que, si je ne l'étais pas, elle ne me le pardonnerait pas ; et pourtant personne n'est sûr de rien ; enfin, là comme au collège, je mettrai toutes mes forces.

Il y a quelques jours tout le Collège avec tous ses maîtres et une pension d'externes attenant au collège ont été à Versailles. Le roi invite successivement toutes les écoles royales à le visiter. L'Ecole Polytechnique y avait été avant nous. Nous nous sommes donc promenés dans toutes les salles, dans la chapelle ; nous avons dîné dans une salle basse. Puis le roi est venu ; on s'est encore promené à sa suite ; à la fin il nous a fait entrer dans la salle de spectacle où une décoration était préparée. Il a dit qu'il regrettait de ne pouvoir pas nous y donner un spectacle qui terminât clignement la journée et qu'il nous remerciait de l'accueil qu'il avait reçu. Il avait avec lui le duc d'Aumale, M. Salvandy et des aides de camp. Nous sommes repartis ; partout sur notre route les paysans s'arrêtaient pour voir défiler les *cent* voitures de louage.

Je ne sais si j'ai raison, puisque je ne sais rien en fait de peinture, mais il m'a semblé que les bons tableaux se comptaient ; je dis peut-être une bêtise, mais à la réserve de quelques tableaux d'Horace Vernet, de deux ou trois tableaux de Scheffer, et de la « Bataille de Taillebourg » de Delacroix, je n'ai gardé souvenir de rien, excepté encore un tableau de Regnault sur je ne sais quel mariage de l'empereur Joseph ; mais ce

tableau se fait distinguer d'une tout autre façon [1]. Tous
les tableaux du temps de l'Empire, qu'on dit fort beaux,
paraissent souvent si réguliers, si froids ! Leurs person-
nages sont souvent échelonnés comme des arbres ou
des figurants d'opéra. Il est sans doute bien ridicule à
moi de parler ainsi des peintres de l'Empire qu'on a tant
loués ; je parle peut-être à tort et à travers ; mais je ne
rends compte que de mes impressions : peut-être aussi
est-ce là le fruit des lectures de la *Presse* qui porte aux
nues Delacroix ?

Le lendemain, dans un journal, le *Charivari,* on a dit
qu'après notre dîner nous étions rassasiés de *croûtes.*

Mon cousin Levaillant est venu me voir, il m'a donné
son adresse que j'ai oubliée. M. de Viterne aussi a eu la
complaisance de venir. M. Morin est venu ce matin. Il
m'a raconté que t'ayant demandé s'il pourrait me faire
sortir, dans la crainte que d'autres personnes ne fussent
piquées de cette préférence, tu lui avais refusé ; il m'a
dit pourtant que si j'avais besoin d'une chose indispen-
sable, en t'avertissant, il se ferait un plaisir de me faire
sortir, et que tes amis n'en sauraient rien ; je fus enchanté de cette proposition, et voici pourquoi : très souvent
je vais causer avec M. Rinn, mon professeur, des
ouvrages que je lis, d'idées littéraires, d'auteurs latins,
de ce qu'on fait aujourd'hui, de ce qu'il faut faire dans
la vie etc. Comme il a vu que j'aimais beaucoup les
auteurs modernes, il m'a dit qu'il serait satisfait s'il
pouvait un jour analyser longuement avec moi un
ouvrage moderne, m'en faire sentir le bon et le faux, et
qu'ainsi j'eusse à l'aller voir un jeudi, chez lui ;
M. Rinn pour moi est un oracle, et j'étais enchanté ;
mais malheureusement le proviseur a refusé de me
laisser sortir : maman avant de partir l'en avait prié.
Ainsi je te demande si tu consens à m'envoyer une

lettre pour le proviseur, attestant que tu me permets de sortir parfois chez M. Morin. Je n'userai de cette permission que pour aller chez M. Rinn, rester dans ma chambre, et causer avec M. Morin quand il en aura le temps. Puis, j'en userai rarement, car, n'étant plus avec vous, et ne causant pas avec M. Rinn, c'est encore au collège que je m'ennuie le moins.

Je n'ose pas te parler de ta blessure ; je sais que tu n'aimes pas à ce qu'on te montre de l'inquiétude ; Maman trouve que cela va bien lentement ; si tu le crois profitable, reste, reste jusqu'à l'année prochaine. J'aime moins mes vacances que le moindre soulagement pour toi.

Maman m'écrit des lettres charmantes ; remercie-la bien. En cas que tu consentes à me laisser sortir, fais que ta lettre arrive au plus vite, car la fin de l'année approche, et je voudrais avoir le temps d'user de ta permission pour voir mon professeur. Adieu. Je t'adore,

CHARLES.

LVI

À MADAME AUPICK

3 août [1838].

Maman,

Toutes nos compositions sont finies. Quant au concours on ne sait rien. Je puis seulement te dire qu'excepté dans la composition de vers je n'ai aucune espérance. Pour la classe, j'ai demandé au professeur ; il m'a répondu que ma composition de vers et de discours latin était détestable. Ainsi voilà à quoi aboutit une année et ce que sont des succès de collège. Si par hasard tu étais de retour pour les distributions, j'irais demander au proviseur si j'ai quelque prix et sinon, bien entendu, je n'irais pas à la distribution. Mais je ne souhaite pas que vous reveniez, car M. Zinse, à qui j'ai dit que vous seriez de retour dans quinze jours, a dit que ce serait une imprudence, qu'il fallait profiter de tout le temps possible, rester aux eaux jusqu'au dernier moment. M. Morin trouve aussi bien extraordinaire que vous reveniez si tôt. Je vous en prie, puisque vous êtes là, mettez à profit le remède que vous avez choisi pour que les effets soient sûrs. Comment, vous auriez fait un si long voyage pour rester si peu de temps ? Ainsi, avant de revenir, réfléchis bien, et si tu juges que les eaux peuvent continuer leur effet, emploie tous les moyens possibles pour retenir papa.

M. Zinse m'a dit qu'il t'avait vue à cheval, que tu t'amusais beaucoup, que tu étais contente. Ah ! tu es bien heureuse de t'amuser. Quant à moi, c'est tout le contraire ; je m'ennuie tellement que je pleure sans savoir pourquoi. Ne t'étonne pas si je te dis d'un côté de rester et si de l'autre je te raconte mes ennuis, comme pour te rappeler ; je désire que tu restes là-bas si cela vaut mieux, et je parle de moi simplement parce que cela m'amuse et m'occupe un peu. Je suis donc fort triste. D'abord je suis de mauvaise humeur contre moi : menacé de n'avoir pas de succès, je t'avoue que mon amour-propre est cruellement vexé ; j'ai beau faire le philosophe, me dire que les succès de collège ne sont rien, qu'ils ne prouvent que très peu de choses, etc., il n'en est pas moins vrai qu'ils causent un grand plaisir.

Ainsi je m'ennuie moi-même, les autres m'ennuient encore plus. Tu me diras : lis. Eh, bon Dieu ! je n'ai fait que lire depuis que tu es partie, c'est-à-dire depuis que l'on ne fait plus rien dans les classes. Tu sais qu'à la fin de l'année il y a deux mois vides ; et qu'alors ceux qui n'ont pas d'argent pour se procurer des livres sont bien malheureux : ceux-là dorment jour et nuit. Moi, j'ai dépensé presque tout mon argent à me procurer des livres, parce qu'il a fallu payer un ouvrage de quatre volumes qu'un de mes camarades avait fait confisquer. Je n'ai lu qu'ouvrages modernes ; mais de ces ouvrages dont on parle partout, qui ont une réputation, que tout le monde lit, enfin ce qu'il y a de meilleur ; eh bien, tout cela est faux, exagéré, extravagant, boursouflé ! C'est surtout à Eugène Sue que j'en veux, je n'ai lu de lui qu'un livre, il m'a ennuyé à mourir [1]. Je suis dégoûté de tout cela. Il n'y a que les drames, les poésies de Victor Hugo et un livre de Sainte-Beuve (*Volupté*) qui m'aient amusé [2]. Je suis complètement dégoûté de la littérature ; et c'est qu'en vérité, depuis que je sais lire, je n'ai pas encore trouvé un ouvrage qui me plût entiè-rement, que je pusse aimer d'un bout à l'autre ; aussi je ne lis plus. Je suis bourré ; je ne parle plus ; je pense à toi ; au moins toi, tu es un livre perpétuel ; on cause avec toi, on s'occupe à t'aimer ; on n'est pas rassasié comme on l'est des autres plaisirs. Ma foi, c'est peut-être un bonheur que nous ayons été séparés ; j'ai appris à me dégoûter de la littérature moderne, j'ai appris plus que jamais à aimer maman parce que je sentais qu'elle était absente ; aussi tu verras à ton retour : comblée de baisers, de soins, de prévenances, bien que tu saches que je t'aime, tu seras encore étonnée que je t'aime tant ! Adieu.

A qui s'aimera le plus. – Le jeune Roubier est venu

au collège pour chercher un élève ; je l'ai vu ; il travaille tant que sa vue s'abîme. Alphonse Aymard a passé pour Saint-Cyr de brillants examens. On a donné une dernière fois des places en version ; je suis 4e. Embrasse papa de tout mon cœur.

CHARLES.

Dis-moi, quand tu m'écriras, jusqu'à quel jour je puis t'envoyer des lettres pour qu'elles n'arrivent pas après ton départ et qu'elles ne soient pas perdues ; je vais maintenant t'écrire de jour en jour.

LVII

À M. BAUDELAIRE

[23 août 1838].

Mon bon frère, je t'écris en toute hâte ; car je vais partir tout à l'heure pour Barèges, seul, en diligence pour je ne sais combien de lieues, quel bonheur ! Je vais retrouver mon père à Barèges. Adieu, sois bien heureux. N'adresse pas tes lettres à Barèges, nous n'y restons que 8 heures ; et pendant le reste du temps des vacances, nous courrons toujours. Je n'ai rien eu au concours ; au collège, deux premiers prix, vers et discours français ; et puis deux accessits. J'espère que Théodore a fait une meilleure moisson. Bien des choses à ma belle-sœur. Adieu, encore une fois.
Je t'embrasse.

CHARLES.

LVIII

À MADAME AUPICK

Paris, le 23 [août] 1838.

Je vais partir tout à l'heure ; j'ai tardé jusqu'à présent à vous écrire pour vous apprendre les résultats de la distribution des prix. Rien au concours ; au collège j'ai eu deux premiers prix, le premier prix de vers latins, et de discours français ; le premier accessit de version latine, et puis un autre aussi en discours latin que je ne me rappelle pas. L'on m'a donné les *Mélanges* de Villemain et son cours de littérature sur le XVIIIe siècle. Maintenant l'impatience me brûle ; la malle est faite : je ne sais combien je resterai de temps en voyage, mais à coup sûr ce sera toujours trop long. Bien loin de m'effrayer parce que je fais un voyage tout seul, j'en suis content, heureux : me voilà obligé de faire l'homme, de me surveiller ; d'écrire ma dépense, de voir les curiosités, monter les côtes, me promener à Toulouse ; j'ai toutes les peines du monde à ne pas crier partout que je suis content. A propos, à Toulouse, si le général Durrieu ne s'y trouve pas, je suis bien décidé à coucher à l'auberge. J'aime bien mieux cela que coucher dans une maison que je connais et où il faudra causer et faire l'aimable. Le général Durrieu sera probablement aux eaux. Je voudrais bien remercier papa, mais comment ? Je suis bien heureux ; faire un voyage pendant les vacances, voilà ce que je désirais depuis longtemps, et voilà que c'est arrivé. Ma lettre est écrite en dépit du bon sens ; mais je suis si pressé, et si joyeux ! J'emporte quelques livres ; je ne pouvais parvenir à remplir ma malle ; je l'ai bourrée avec du vieux papier, avec mon manteau et des habits de gymnastique.

Adieu, chère maman ; je vais vous arriver dans quelques jours, avec de l'expérience, couvert de poussière et fou de joie. Embrasse bien papa pour moi, c'est pour le coup qu'il faut l'embrasser.

CHARLES.

LIX

À LA MÊME

Ce vendredi 19 octobre [*1838*].

Ma bonne mère,

Je pourrai sortir dimanche ; c'est sûr, je l'ai demandé. Tu sais que c'est à 8 heures et demie, comme l'année passée. Je suis curieux de savoir comment tu t'es tirée d'affaire avec ton paquet de linge. J'avais presque un remords de te l'avoir fait prendre. Je suis enchanté de tous mes professeurs. Tout va bien. Quant au maître d'étude, c'est bien différent ; je le déteste, du reste comme tout le monde.

Ainsi nous allons nous voir après-demain. Embrasse papa pour moi. Je pense que son genou va bien. Voilà, j'espère, une lettre bien écrite.

CHARLES.

LX

À M. BAUDELAIRE

Mardi [*23 octobre 1838*].

Je suis rentré au collège depuis huit jours. Clément
m'a dit de ta part que je t'avais prié de ne pas m'écrire
pendant mon voyage ; ma foi, je ne me rappelle pas du
tout cela ; mais puisque je l'ai fait j'ai eu tort, car tes
lettres auraient pu être adressées à Paris d'où on nous
les aurait envoyées.

Voici quel a été notre voyage. D'abord, je suis parti
seul jusqu'à Barèges ; j'y suis resté quinze jours à courir
à pied, à cheval ; la journée se passait en courses ; on ne
rentrait que pour dormir, puisque de Barèges nous
sommes allés à Bagnères au bout de la vallée de Cam-
pan. Bagnères est un lieu de délices : le plus beau pays
de France [1]. De là à Tarbes, à Auch, Agen, Bordeaux ;
puis de Bordeaux à Royan, où maman a beaucoup
souffert du mal de mer ; puis nous sommes revenus par
Rochefort, où l'on ne voit rien le dimanche – c'est une
ville presque déserte en temps de paix –, La Rochelle,
Nantes, où il y a un musée magnifique, enfin les bords
de la Loire jusqu'à Blois ; les bords de la Loire ne
méritent guère leur réputation – peut-être étais-je gâté
par les Pyrénées ? Puis de Blois à Orléans, d'Orléans à
Paris. Voici l'itinéraire, sans aucune grâce, ni aucun
détail. Mais j'aurais mille choses à te raconter. Ce sera
pour la première fois où je te verrai. J'ai des récits

interminables. Toi, je suis sûr que pendant tout ce temps tu t'es parfaitement porté – du moins à ce que m'a dit Me Jaquotot qui t'a vu. Clément m'a dit que ton fils était un vrai démon – tant mieux ; il m'a dit aussi qu'il était bien beau. J'espère que ma belle-sœur se porte bien aussi. Quand tu m'écriras, tu me feras plaisir si tu me donnes des nouvelles de M. Ducessois, de ses affaires, de son imprimerie ; j'entends seulement quelquefois parler de lui indirectement.

Je suis maintenant en philosophie, classe terrible, où j'ai eu bien de la peine à passer. Le proviseur voulait encore me faire redoubler. J'ai échappé. Maintenant, quand tu viendras à Paris, accours vite nous voir. Papa et maman m'ont chargé de les rappeler à ton souvenir.

Adieu.

CHARLES.

Je voudrais bien savoir aussi ce qu'est devenu M. Boutron.

LXI

À MADAME AUPICK

[*début décembre 1838*].

Je suis privé de sortie jusqu'à nouvel ordre pour mauvaise conduite à la salle de dessin ; c'est-à-dire que le sous-directeur dont je me suis souvent moqué l'année passée a saisi cette année la première occasion de me punir, et comme un jour je faisais du bruit, il a dit que je le tourmentais depuis trois ans et qu'il demanderait pour moi une punition extraordinaire. Par bonheur sa punition sera à peu près nulle ; comme le congé de Noël a lieu dans trois semaines et qu'alors je serai probablement exempté, je n'aurai été privé que d'un peu plus d'une quinzaine. Voilà ce que c'est que d'avoir des ennemis. Puisque je ne puis plus sortir et prendre moi-même dans ma chambre ce dont j'ai besoin, je désirerais que tu m'envoyasses par Joseph un album de maroquin sur lequel est imprimé Charles Baudelaire et qui se trouve dans le tiroir de ma table. J'ai promis à un de mes camarades un dessin qui se trouve dedans ; je compte couper la feuille au collège et rendre l'album à Joseph. Tu me diras que c'est bien inutile et qu'on pourrait couper le dessin à la maison et me l'apporter au collège ; mais je suis sûr qu'il serait mal coupé et qu'il serait abîmé en route. Plus, une feuille de papier bleue ou jaune, très épaisse ; de ces feuilles colorées qu'on voit dans les albums et sur lesquelles on colle des dessins sur papier blanc pour les mettre en relief ; plus, le pot de pommade que tu as oublié et qui est dans la petite armoire en haut. Si Joseph vient, charge-le aussi de me dire des nouvelles de la jambe de papa, car à t'entendre la dernière fois, elle n'allait pas bien. Je suis sûr qu'il ne veut pas t'en parler, comme c'est son habitude, quand il craint de t'inquiéter. Mais tu saurais bien me dire si cela va mieux. Embrasse-le bien pour moi.

CH. BAUDELAIRE.

LXII

À M. BAUDELAIRE

[*31 décembre 1838*].

Tout paresseux que je suis pour t'écrire, je ne puis laisser finir 1838 sans t'adresser une épître. Je sais trop ce que je vous dois, Monsieur mon frère aîné ; ne faut-il pas que je vous offre mes respectueux devoirs ? Plaisanterie à part, je te souhaite, mon cher frère, un bonne année, ainsi qu'à ma sœur ; je désire pour toi tout ce que tu désires, de l'avancement si c'est possible. Quant à moi, je désire par-dessus tout faire une bonne année de philosophie, tant j'ai peur de la redoubler, parce qu'on me trouve bien jeune à la maison. Il paraît que je n'ai pas du tout l'air d'un philosophe, il n'a tenu qu'à un fil que je redoublasse ma rhétorique ; j'ai beau prendre un air grave, mon père et ma mère s'obstinent à me trouver un enfant. Entre dans mes intérêts, persuade-leur que je suis la raison personnifiée ; fais en sorte qu'ils voient en moi un vrai Caton, et bien en état d'aborder l'étude des lois ; si tu le fais, tu ne feras pas peu, et je t'aimerai encore plus, si c'est possible.

Pour commencer mon apprentissage de gravité, je vais aller pour la première fois à la Chambre des députés. Ainsi je te quitte un peu brusquement. Mais j'espère que tu viendras bientôt à Paris ; j'aurais tant de plaisir à te voir ! En attendant, je t'embrasse bien. Bien des choses, je te prie, à ma sœur et à M. Ducessois.

CHARLES.

LXIII

À M. AUPICK

26 février [1839].

Je t'écris pour te faire une demande qui te surprendra fort. Tu m'as promis des leçons d'armes, de manège ; au lieu de cela, je te demande, si tu le veux, si c'est possible, si cela ne te gêne pas, un répétiteur. Nous avons dit bien souvent ensemble qu'un répétiteur ne servait à rien, et quelquefois même nuisait à un élève ; cela est vrai, quand l'élève est un paresseux, qu'il fait causer son répétiteur, et que celui-ci lui fait ses devoirs.

Mais moi, qui n'ai pas besoin d'aide pour suivre la classe proprement dite, ce que je demanderais à mon répétiteur, ce serait un surcroît de philosophie ; ce serait ce qui ne se fait pas en classe, savoir, la *religion* dont l'étude n'entre pas dans le programme de l'Université, et l'Esthétique ou la philosophie des arts que notre professeur à coup sûr n'aura pas le temps de nous faire voir.

Ce que je lui demanderais aussi, ce serait du grec, oui, de m'apprendre le grec, que je ne sais pas du tout, comme tous ceux qui l'apprennent au collège, et que j'aurai tant de peine à apprendre tout seul, quand je serai accablé de bien d'autres choses.

Tu sais que je me suis pris de goût pour les langues anciennes, et le grec m'inspire une grande curiosité. Je crois, quoi qu'on dise aujourd'hui, que cela procure non seulement de grandes jouissances, mais encore un avan-

tage réel. Pourquoi étouffer ces goûts-là? Cela ne
rentre-t-il pas dans ce que je veux être – science, histoire, philosophie – qui sait? l'étude du grec facilitera
peut-être celle de l'allemand.

Je crois qu'un répétiteur coûte 30 francs par mois.
L'élève doit d'abord avoir une autorisation de son père.
Puis il s'adresse au proviseur et fait choix d'un répétiteur. Une demi-heure par jour ou une heure tous les
deux jours. Je choisirais un jeune maître fort distingué,
sorti récemment de l'Ecole Normale et connu à Louis-
le-Grand, M. Lasègue [1]. S'il ne pouvait me donner ses
leçons, j'aimerais mieux me passer d'un répétiteur.

Ce n'est pas là un vain caprice. J'ai tant de fois changé, ou laissé de côté, de forts beaux projets que je crains
toujours qu'on ne se défie de moi.

Le grec a toujours été une connaissance que j'ai en-
viée. Je crois que ce jeune professeur est en état de
l'enseigner et de l'enseigner très vite. Quant à la partie
dogmatique de la religion, c'est aussi une chose qui me
tourmente depuis le commencement de l'année. Dernièrement, je me suis examiné, et je me suis demandé ce
que je savais – un assez grand nombre de choses sur
tous les sujets, mais vagues, brouillées, sans ordre, se
nuisant mutuellement; rien de clair, de net, de systéma-
tisé; ce qui revient à dire que je ne sais rien; et pourtant
je vais entrer dans la vie; il me faut un bagage quelconque de connaissances bien arrêtées. Que puis-je désirer
de mieux pour le moment que l'étude d'une langue qui
me permettra de lire dans les originaux des livres fort
utiles? Et que l'étude de la plus belle partie de la
philosophie, de la religion?

Je ne sais pas si ma lettre est éloquente. Au moins je
suis de bonne foi, et je crois fermement à l'utilité de ma
demande.

Du reste tu sais si bien par où je pèche, quels sont mes besoins, et tu m'as dit de telles vérités en fait d'éducation que je recevrai avec un grand respect ton avis là-dessus.

Bien des choses à ma bonne mère; elle sera fort étonnée de ma lettre. M. Massoni m'a dit que tu allais mieux. C'est un grand plaisir pour moi.

Selon son habitude, M. Massoni m'a chargé de compliments désolants. Car, entre nous deux, nous savons ce que je suis. Comme M. Massoni m'aime beaucoup, et qu'il est vieux pour moi, je suis obligé de respecter ses flatteries, et je crois qu'il est plus convenable de les recevoir silencieusement que de me récrier. Mais cela me gêne souvent beaucoup, surtout devant les autres.

Adieu. J'espère que tu sauras bien voler quelques moments pour me répondre.

Je t'embrasse bien, comme je voudrais t'embrasser quelquefois au parloir du collège.

CHARLES.

LXIV

DU PROVISEUR DE LOUIS-LE-GRAND
À M. AUPICK [1]

Paris, ce 18 avril 1839.

Monsieur,

Ce matin M. votre fils sommé par le Sous-Directeur de remettre un billet qu'un de ses camarades venait de lui glisser, refusa de le donner, le mit en morceaux et l'avala. Mandé chez moi, il me déclare qu'il aime mieux toute punition que de livrer le secret de son camarade, et, pressé de s'expliquer, dans l'intérêt même de cet ami qu'il laisse exposé aux soupçons les plus fâcheux, il me répond par des ricanements dont je ne dois pas souffrir l'impertinence. Je vous renvoie donc ce jeune homme, qui était doué de moyens assez remarquables, mais qui a tout gâté par un très mauvais esprit dont le bon ordre du collège a eu plus d'une fois à souffrir.

Veuillez agréer, Monsieur, avec l'expression de mes regrets, l'assurance de mes sentiments les plus respectueux et les plus distingués.

Le Proviseur.
PIERROT.

LXV

À UN PROFESSEUR

18 avril 1839.

Monsieur,

Je suis rentré dans ma famille ; quand j'ai vu la peine de ma mère, j'ai compris tout mon malheur et surtout le sien ; aussi je viens essayer de réparer ma faute, si cela est possible. J'ai refusé de livrer un papier qui aurait fait punir un camarade, un papier à peu près insignifiant, vous le savez ; quelque exagéré que cela vous parût, vous me l'auriez pardonné sans doute ; mais quand vous m'avez dit que j'exposais mon camarade à des soupçons infâmes, cela m'a semblé si extraordinaire que j'ai ri et que je vous ai manqué de respect. Je vous en fais mes excuses, sincères, aussi profondes, aussi complètes que vous le désirerez.

Et si dans ma figure, ou dans mes paroles, vous avez cru voir que je voulais vous insulter et me rire de vous personnellement, je vous supplie de ne pas y ajouter foi ; je n'en avais aucune intention, je le proteste ; j'espère que vous croirez que je dis vrai ; car vous savez que je vous dois beaucoup.

Si par mes prières je puis obtenir de vous de rentrer dans le collège, je me soumets entièrement à votre volonté et j'accepte toutes les punitions qu'il vous plaira de m'infliger.

Comme il se peut que cet événement m'ait perdu dans votre esprit, ce n'est pas à ma considération que je demande ma grâce, mais pour ma mère qui est si affligée de voir ma carrière entachée au commencement.

Je suis prêt à réitérer mes excuses chez vous, si vous le permettez, et à vous témoigner tout le respect que j'aurais dû vous montrer ce matin.

Je suis avec le plus profond respect

votre élève.

C. BAUDELAIRE.

LXVI

À MADAME AUPICK

Lundi matin [*mai 1839*].

Chère mère,

Voilà à peu près ma première semaine passée chez M. Lasègue. J'y ai été accueilli avec une grâce et une bonhomie parfaite. J'y suis parfaitement. La journée se remplit peu à peu. Dès lundi je vais me mettre au baccalauréat.

Je ne sais que te dire, et pourtant j'ai une infinité de choses à te dire. Et d'abord je te dirai que malgré l'amabilité parfaite de M. Lasègue, malgré qu'il ne me manque rien, que je n'aie pas le droit de me plaindre, il me semble qu'il me manque quelque chose ; par moments j'éprouve de la maussaderie ; je crois que c'est toi qui me manques. Il me manque cette présence de quelqu'un à qui l'on dit toutes sortes de choses, avec qui l'on rit sans aucune gêne. Enfin, quoique je sois parfaitement bien, matériellement, je vous regrette ; je voudrais voir cette fin d'année voler comme le vent ; voir mon père guéri, et savoir dans quelle position nous serons l'année prochaine. Oui ! aussi sera-ce une grande joie quand je vous reverrai.

Je voudrais bien savoir combien de temps vous resterez là-bas [1]. Tu m'as d'abord dit deux ou trois mois ; et Fanchette m'a dit que le congé de mon père était pour quatre mois. Dieu ! que ce sera long ! Il faudra pourtant bien que je m'y accoutume. Je crois que le meilleur moyen de m'y accoutumer est d'occuper sans cesse ma pensée, de travailler. Quelle chose singulière ! L'année passée, quand vous m'avez laissé seul au collège, je n'ai point éprouvé cela. Je vois que quand on est loin de sa mère on est mieux encore seul qu'avec des étrangers.

Je n'ai pas encore été voir M. Olivier. J'ai vu que la maison où je vais manger est une maison singulière. La femme qui est à la tête de cette maison est, dit-on, une ancienne domestique qui a fait sa fortune par la dévotion. On dit qu'elle se fait gloire de tenir une maison qui est le rendez-vous de tous les jeunes gens légitimistes que leurs parents laissent seuls dans le quartier St-

Germain. Quand j'ai été présenté à Mlle Céleste, cette vieille demoiselle m'a reçu avec des baissements d'yeux, un faux air de couvent et un ton doucereux; j'avais été surpris de cela. Un camarade de Louis-le-Grand que j'ai trouvé à la même table m'a mis au fait du ton de la maison et nous nous en sommes amusés; il m'a dit que dans cette maison l'idée de religion et de légitimisme étaient si singulièrement unies qu'il suffi-sait de haïr le gouvernement pour être réputé catholi-que; tout cela est très divertissant; je l'ai raconté à M. Lasègue et nous en avons ri tous deux.

Maintenant promets-moi de me raconter dans tes let-tres tout ce que vous faites, tout ce que vous pensez, tout ce que vous lisez. Donne-moi, je t'en prie, régulièrement des nouvelles de notre cher père. Je lui écrirai un jour; j'espère que cela lui fera plaisir. Adieu, bonne mère.

CHARLES.

LXVII

À M. BAUDELAIRE

[*mai 1839*].

Mon frère,

Je te dois mille remerciements pour tes démarches. Si je puis aller au concours, c'est à toi que je le devrai. Aussi vais-je m'y appliquer avec ardeur. Me voilà pour ainsi dire tenu d'y aller puisque tu as obtenu la permis-sion de m'y faire aller avant qu'on sût si j'en serais jugé capable. C'est fort difficile; mais enfin, je t'assure que je tâcherai de m'en tirer.

Pendant ces jours de trouble, maman a été dans une horrible inquiétude; j'avais toutes les peines du monde à lui faire voir les choses moins en noir. Nous étions fort tranquilles, lorsque Mme Tirlet est venue, effarée, nous demander *ce qu'il y avait;* comme nous n'en savions rien, c'est elle qui nous l'a appris. Papa est sorti à cheval avec l'Etat-major et le Général, et puis il n'est pas rentré tant qu'il y a eu quelque bruit; il a dormi au Carrousel [1].

Maintenant encore il dort fort peu. Aux coups de fusil ont succédé les écritures, et il y a je ne sais combien de rapports à rédiger. Sa jambe même a à peine souffert de cette fatigue extraordinaire. On dirait que la préoccupation l'a empêché de souffrir.

Adieu. Bien des choses à ma sœur. Je te remercie encore; si j'accroche quelque bonne place, je te l'écrirai.

CHARLES.

LXVIII

À MADAME AUPICK

3. Mercredi [juin 1839].

Bonne mère,

Je suis tout honteux; mais je veux si bien réparer mon silence que tu me pardonneras: aussi ai-je pris la résolution de vous écrire deux fois par semaine, mardi et samedi. Les lettres que je porte à l'hôtel ne partent pas toujours immédiatement ; on attend quelque temps pour les ajouter à un paquet. Enfin vous aurez deux lettres par semaine.

Maman, vois-tu, ne me gronde pas trop quand je ne te témoigne pas assez d'amitié ; car je m'en accuse moi-même, j'en suis souvent honteux ; et cette honte même prolonge le retard dans ces témoignages. Mais sois tranquille, à mesure que je grandirai en raison, je grandirai en passion ; je saurai t'aimer davantage. Je m'accuse souvent intérieurement de ne pas te donner tout ce que je te dois. A force de m'exercer je parviendrai à être digne de ton affection. Je parviendrai à te contenter.

Je croyais d'abord que j'irais au concours, mais il est possible que non, parce que je n'ai pas composé la dernière fois. J'ai éprouvé un peu de peine en pensant à toi, mais vraiment j'aurais fait une composition détestable.

J'attends une lettre. Elle sera comme les autres, bien bonne, remplie d'avertissements doux que je n'ai pas assez écoutés jusqu'à présent mais dont je profiterai mieux.

Parle-moi surtout de la santé de papa et de vos distractions.

CHARLES.

LXIX

À M. AUPICK

[*fin juin 1839*].

Je te remercie bien de la lettre que tu viens de m'écrire ; elle est si bonne, si affectueuse ; voilà, franchement, le motif qui depuis huit jours m'a fait remettre sans cesse au lendemain pour vous écrire ; c'est que je n'ai pas travaillé depuis quelques jours, et comme il faut que je vous parle de ce que je fais, je me disais qu'avant de vous écrire, je voulais me remettre à travailler pour avoir du bien à dire de moi.

Mais tu me grondes avec tant de bonté et d'indulgence dans ta lettre que, ma foi, il vaut mieux avouer cela que remettre encore à t'écrire ou écrire une lettre menteuse. Et sois tranquille, la première fois que je t'écrirai, j'aurai du bien à dire de moi.

Tu me demandes des nouvelles du monde nouveau dans lequel je vis ; voilà ce que j'ai remarqué. M. Lasègue gagne sans cesse à être connu ; il joint à une gaieté et une douceur imperturbables une grande force morale. Son père qui m'est à peine connu paraît un homme trop doux, trop facile, sans couleur arrêtée ; pour t'en donner une idée, je te dirai que, de son aveu même, il a essayé de tout, lu des livres de bien des langues et de bien des sciences, mais qu'il ne sait rien complètement.

Mme Lasègue que je connais bien mieux me semble une femme simple, gaie, forte d'âme, d'une haute raison, spirituelle et bonne. Debout dès le matin, faisant tout son ménage elle-même, et tout en faisant la cuisine ou en balayant, chantant, riant, causant parfaitement, quelquefois railleuse et un peu mordante.

Il y a aussi là un enfant de treize à quatorze ans que M. Lasègue a pris chez lui pour le faire travailler; c'est le neveu de Mme Fayard; quelquefois le soir je lui donne une leçon d'anglais.

Il est possible que j'aille au concours en dissertation française. Tu sais que c'est peu de chose, mais puisque cela fait plaisir à maman, je serais content d'y aller.

Tu as la bonté de me demander quels projets je fais; eh oui, j'en fais, tu sais que j'en fais toujours, que je suis un esprit à projets, moi; il y a des moments où je fais l'avenir, et alors je suis plein de choses que je voudrais raconter à ceux qui m'aiment; mais permets-moi de remettre cela à un autre jour; M. Lasègue va rentrer et me demander ce que je pense d'un livre auquel je n'ai pas touché.

Demain, j'écris à maman. Je te remercie de m'avoir parlé de ta santé; si tes souffrances peuvent tourner à bien, je me réjouis presque que tu souffres; d'ailleurs j'espère toujours, fallût-il un miracle pour te guérir.

CHARLES.

LXX

AU MÊME

Lundi [*juin 1839*].

Je t'écris vite et vite pour une chose qui presse; on m'a demandé au collège mon acte de naissance [1]. On le demande toujours aux élèves qui doivent aller au concours. Cet acte de naissance n'est pas au collège ; j'ai pensé que tu l'avais chez toi et qu'il serait plus court de te le demander que d'en aller faire faire un à la mairie.

J'irai donc probablement au concours en dissertation française. Je crois que cela fera plaisir à maman. On a composé deux fois, une en français, une en latin. Je ne suis pas bien sûr de mes places parce que le professeur les lit très vite, mais je crois que j'ai la première fois 6e ou 7e la deuxième : 12e. Ces détails sont peu de chose, mais j'ai pensé qu'ils pourraient t'intéresser.

Dis à maman que je pense bien à elle, et à toi aussi ; je désire que tu me dises des nouvelles de toi continuellement.

Je te remercie encore pour la lettre que tu m'as écrite ; il me semble que c'est la meilleure que j'ai reçue de toi.

CHARLES.

Fanchette songe déjà à faire blanchir les rideaux de l'appartement. Elle m'a raconté qu'une dame, se trouvant sans femme de chambre et prête à partir pour Rome, avait voulu l'emmener, mais qu'elle avait refusé.

LXXI

À M. BAUDELAIRE

Vendredi 23 [*août 1839*].

Mon bon frère,

Voici une année finie, et je t'écris pour t'annoncer quelques nouvelles. D'abord la nomination de mon père que tu sais déjà sans doute [1] ? puis ma nomination au grade de bachelier ès lettres ? puis, que je n'ai rien au concours ? un jour que je faisais une visite à M. Pierrot, il me dit qu'il m'avait vu avec plaisir au concours, mais que c'était seulement pour la forme, attendu que, n'étant pas resté un trimestre entier à Saint-Louis, je mériterais d'être nommé, que la règle universitaire m'empêchait de l'être.

Je ne dis en aucune façon ceci pour m'excuser, attendu que sans cet obstacle même, il est extrêmement probable que je n'eusse pas été nommé.

Voici donc la dernière année finie, et je vais commencer un autre genre de vie ; cela me paraît singulier, et, parmi les inquiétudes qui me prennent, la plus forte est le choix d'une profession à venir. Cela me préoccupe déjà, me tourmente d'autant plus que je ne me sens de vocation à rien, et que je me sens bien des goûts divers qui prennent alternativement le dessus.

Les conseils que je demande ne me sont pas d'un grand secours ; car pour choisir il faut connaître, et je ne connais en aucune façon les différentes professions de la vie. Pour choisir, il faut tâter, essayer, d'où il suit qu'avant d'embrasser un état, il faudrait avoir passé par tous, ce qui est absurde et impossible.

Je serais bien content si tu voulais m'écrire une lettre sur tout cela, une lettre où tu me parlerais aussi de ma belle-sœur, de ton fils, et de M. Ducessois. On m'a dit qu'elle se portait mal maintenant et qu'elle était d'une mauvaise santé.

Ma mère va revenir de Bourbonne-les-Bains dans quelques jours, et mon père un peu plus tard.

Adieu.

CHARLES.

LXXII

AU MÊME

Mercredi [*novembre 1839*].

Je te remercie bien de la leçon que tu m'as fait donner par M. Guérin. Maintenant je suis tout à fait de votre avis. Ce matin en lisant ta lettre, avec l'épigraphe : *Errare humanum,* je me suis bien douté vaguement que j'allais trouver chez M. Guérin ou des avis, ou de l'argent. J'ai trouvé les deux. J'ai pris 50 fr. ; je t'avoue qu'il est bien probable que j'en prendrai 50 autres, et puis j'en resterai là.

Je m'ennuie tellement que je vais me mettre à travailler ; je veux un plaisir quelconque, et j'espère en trouver là. Je veux être indépendant le plus tôt possible, c'est-à-dire dépenser *mon* argent, celui que les hommes m'auront donné en retour d'un plaisir ou d'un service que je leur aurai procuré ; et j'y veux parvenir par quelque moyen que ce soit.

En attendant, puisque c'est ton argent que je dépense, reçois bien mes remerciements.

J'ai payé mes drogues. Je n'ai plus de courbatures, presque plus de maux de tête, je dors beaucoup mieux ; mais j'ai des digestions détestables, et un petit écoulement continuel sans aucune douleur ; avec cela un teint magnifique, ce qui fait que personne ne se doute de la chose [1].

Madame aussi est malade ; j'ai appris cela aujourd'hui.

Elle dit qu'elle a une gastrite et qu'elle va mourir. Mais je le lui ai entendu dire si souvent que je crois qu'elle ne mourra jamais.

Je vais plonger dans la science, maintenant ; je vais tout reprendre, *droit, histoire, mathématiques, littérature*. Je vais oublier dans Virgile toutes les mesquineries et les saletés de ce monde. Au moins cela ne coûte rien et ne donne pas de courbatures.

Adieu, mille remerciements.

CHARLES.

LXXIII

AU MÊME

[*2 décembre 1839*].

Mon bon frère,

Je t'écris encore pour de l'argent ; mais c'est la dernière fois : j'en resterai là, je l'ai bien décidé.

Voici pourquoi je reviens à la charge : avec le premier argent que tu m'as donné, j'ai payé des drogues et des livres, et j'ai dépensé le reste en spectacles ; mais j'avais étourdiment oublié que je devais une petite dette au tailleur. Quand je suis sorti du collège, mon père m'a dit formellement que toutes les fois que j'achèterais quelque chose, il le faudrait payer comptant. Malheureusement il se sert du même tailleur, et j'ai peur qu'un beau jour il ne lui dise comme par hasard : Charles vous doit-il quelque chose, vous paye-t-il exactement ?

Je vais voir si M. Guérin est chez lui ; j'use une dernière fois de ta permission et je lui demanderai 50 fr.

Je dis *une dernière fois,* non pour ne pas alarmer ta générosité, mais pour m'imposer l'obligation de ne pas compter toujours sur l'argent d'un autre ; car mon frère ne sera pas toujours.

Dernièrement j'ai déjeuné avec Paul ; et je lui ai rappelé ce que tu m'as dit sur ton avancement ; il s'est mis à rire et m'a dit que tu voulais aller trop vite et qu'il fallait au moins six ans de patience.

Mille choses aimables à ma sœur. Quand j'irai à Fontainebleau, il faudra me faire faire une connaissance intime, qui peut-être à dix-neuf ans n'osera pas demander de l'argent à son père et en demandera à son oncle. Adieu ; porte-toi bien et crois que je me mets à travailler.

CHARLES.

LXXIV

AU MÊME

[*31 décembre 1839*].

J'ai vu hier M. Ducessois qui m'a donné 50 fr. ; me voilà sage. J'ai causé longtemps et me suis promené avec lui ; il a été pour moi très bon et très aimable.

M. Guérin est à Fontainebleau. Dis-lui, je t'en prie, bien des choses de ma part, et remercie-le de ses conseils.

Adieu. Je t'embrasse bien.

CHARLES.

LXXV

AU MÊME

[*août 1840*].

Mon cher frère,

Mon père m'a répondu que le général Pajol ne pouvait rien à l'affaire du jeune homme dont tu m'as parlé et qu'il ne se mêlait jamais de ces sortes de choses. Si ce jeune homme, dit-il, n'est pas propre au service, personne ne peut l'y faire entrer. Seulement il paraît qu'à Fontainebleau le médecin qui l'avait visité avait envoyé à Paris une note si vague et si mal rédigée qu'elle suffisait pour le faire exclure. Mon père a fait en sorte qu'on le fît venir à Paris et qu'il fût visité de nouveau ; s'il est propre au service, il sera pris sans aucun doute.

Mille compliments à ma belle-sœur, et mille embrassements à mon neveu.

C. BAUDELAIRE.

LXXVI

AU MÊME

[1ᵉʳ novembre 1840].

Mon cher frère,

Tu m'en as longtemps voulu pour ne pas t'aller voir.
Enfin j'espère apaiser ta rancune. J'arriverai probablement chez toi peu de temps après cette lettre. Si néanmoins tu étais au moment de t'absenter, ou si la place
que tu me destines était déjà prise par quelque voyageur, écris-le-moi au plus vite pour que je n'aie pas la
peine de voir que je te gêne.

Je t'embrasse de tout cœur.

Je prendrai probablement le chemin de fer.

LXXVII

AU MÊME

Jeudi [décembre 1840].

Mon bon frère,

Je crois que j'ai très fort manqué à la politesse frater-
nelle en ne t'écrivant pas depuis que je suis à Paris.

J'aurais dû t'écrire ainsi qu'à ma sœur pour vous remercier de la magnifique hospitalité que j'ai reçue là-bas. Mais la coutume du jour de l'an, quoiqu'on dise et qu'on s'en moque, est bonne à quelque chose puisqu'elle oblige les gens à se dire de fort tendres choses qu'ils pensent et que la paresse seulement les empêchait d'écrire. C'est pourquoi je vous souhaite à tous deux une douce et bonne année, – tranquille et joyeuse avec vos amis. Je te prie d'en dire autant à M. Rigaud qui est un aimable homme, et aussi à votre pauvre peintre.

Je crois que tu serais assez aise de savoir comment j'emploie mes journées à Paris. Depuis que tu m'as renvoyé ici, je n'ai vu ni l'Ecole ni l'avoué, si bien qu'on s'est plaint que j'y allais peu [1]. Mais j'ai remis à l'an 1841 une réforme générale dans ma conduite.

Il m'a plu cette année d'envoyer de la musique à ma sœur. Présente-la-lui de ma part. En profond musicien que je suis, j'ai choisi l'album dont les vignettes étaient le mieux dessinées.

Quant à toi, qui es mon frère, je ne te fais point d'étrennes, si ce n'est un *sonnet magnifique* que je viens de composer et qui pourra te faire rire. Voilà qui s'appelle des étrennes poétiques.

Il est de chastes mots que nous profanons tous :
Les amoureux d'encens font un abus étrange ;
Je n'en connais pas un qui n'*adore* quelque *ange*
Dont ceux du Paradis sont, je crois, peu jaloux.

On ne doit accorder ce nom sublime et doux
Qu'à de beaux cœurs bien purs, vierges et sans mélange.
Regardez ! Il lui pend à l'aile quelque fange
Quand votre ange en riant s'assied sur vos genoux.

J'eus, quand j'étais enfant, ma naïve folie,
Certaine fille aussi mauvaise que jolie ;
Je l'appelais : *mon ange*. Elle avait cinq galants.

Pauvres fous ! Nous avons tant soif qu'on nous caresse
Que je voudrais encor tenir quelque drôlesse
A qui dire : *mon ange*, entre deux draps bien blancs.

Voilà qui divertira peut-être ma sœur. Il faut bien
embrasser Edmond, et ne pas oublier dans mes compliments M. Ducessois et M. Brun.

LXXVIII

AU MÊME

Mercredi soir [*21 janvier 1841*].

Mon cher frère,

Voici très exactement le compte de mes dettes. Cela
monte beaucoup plus haut que je l'avais cru ; mais
toutes ne sont pas également pressées.

200 fr. reste d'un ancien mémoire de tailleur ; *très
      pressé* ; je crois que cet homme en a besoin, et
      cette dette me chagrine. Elle est déjà très vieille.
100 à un cordonnier.
60 à un autre.
215 à M. Ducessois. *Je tiens à payer cette dette
      moi-même* – plus tard – je veux qu'il croie que
      c'est moi qui la paye. Je le lui ai promis et ne veux
      pas subir l'humiliation de manquer à ma parole.

200 à Delagenevraye, un de mes camarades (vieille dette), consacrée à habiller une fille enlevée dans une maison.

180 au même sans doute pour payer ailleurs une dette pressée.

50 à Sougeon, un de mes amis, pour le même motif – pressé.

300 au bonnetier, chemisier et gantier.

Voici maintenant le compte de mon tailleur :

2	habits l'un négligé	125
	l'autre habillé	110
	paletot ouaté	170
	robe de chambre ouatée	110
4	pantalons	200
3	gilets	120
1	petit manteau	. . .

Depuis qu'il travaille pour moi, je ne lui ai donné que 200 fr. à déduire du compte ci-dessus. Tous ces chiffres ne sont que des à peu près.

Dans tout cela il n'y a pas un mensonge, ni un chiffre chargé à dessein. Je serai bien aise de donner quelque argent à mon tailleur. Je le soupçonne de me négliger.

Quelque peu que tu me donnes, je suis tellement serré que ce me sera infiniment agréable.

Si tu peux m'aider, je te prie en grâce de ne pas même le faire deviner à mes parents, autant pour ne pas tourmenter la maman que dans mon intérêt.

Je te *jure* que sorti de cet embarras je serai *raisonnable* dans toute l'extension de ce mot ; si tu te défies un peu de moi, je te montrerai les factures à mesure que tu me donneras de l'argent. Adieu. Je t'embrasse de tout mon cœur, ainsi que ma chère sœur à qui tu as probablement conté tout ceci et qui doit m'en vouloir cruellement.

C. BAUDELAIRE.

LXXIX

DE M. BAUDELAIRE À CHARLES

25 janvier 1841.

Mon cher frère,

Tu dois comprendre que j'ai dû être douloureusement affecté en te voyant l'autre jour et en t'entendant m'avouer que tu avais besoin d'argent, car cela seul annonçait du désordre dans ta conduite. Je te priai alors de m'écrire ta position, de déposer entre mes mains fraternelles le *bilan* général de toutes tes dettes et de m'indiquer les noms et demeures de tes créanciers, les causes de tes créances. Je m'attendais à recevoir une lettre d'un homme sérieux et non un chiffon de papier sur lequel on a mis de l'encre, un vrai compte d'apothicaire digne d'être offert à un de ces parents de comédie qui payent toutes les dettes in globo, sans examen. D'abord analysons ledit mémoire.

Mercredi soir. Voici toutes mes dettes.

200	très pressé *un tailleur*. Quel tailleur? Où demeure-t-il? De quand est sa facture?	
100	un cordonnier	même observation.
60	à un autre	id.
215	à M. Ducessois. Tu ajoutes : *je tiens à payer,* je ne veux pas subir l'humiliation de manquer à ma parole.	
200	à de la Gennevraye, un de mes camarades. Pas d'adresse, pas	

de possibilité de connaître ceux que tu fréquentes. Le motif de
la dette est net : consacrés à habiller une fille enlevée d'une
maison.

180   au même *sans doute.* Sais-tu ce que tu écris, tu ignores même
le nom du créancier ! 50 à Sougeon, un de mes amis. Où
demeure-t-il ?

300   au bonnetier, chemisier, gantier. Il n'est pas difficile de faire
ainsi un mémoire.

125   un habit négligé.

110   un habit habillé. Je te conseille de ne porter jamais que des
habits habillés puisqu'ils coûtent moins que ceux négligés.

170   paletot ouaté.

110   robe de chambre.

200   4 pantalons.

120   3 gilets. C'est 40 f. chaque gilet. Ils ne me coûtent que de 18 à
20, à moi qui suis colossal.

un petit manteau. Il paraît que cet article ne coûte rien, car il
n'y a pas de prix.

_____

2 140 fr.

Tu as donné à ce tailleur sans nom ni demeure 200 f. à
valoir. Tous ces chiffres ne sont que dés à peu près. C'est
consolant.

30 f.   au domestique. Ceci, c'est ignoble.

Tu omets ton frère aîné que tu pourrais

200   faire figurer pour 200.

2 370   A cela il faut joindre ce que tu as reçu de tes parents.

900

3 270 fr. de dépenses, lorsque tu es nourri et logé.

C'est un chiffre énorme, et tout n'y est pas sans doute.

Voilà, mon cher, le tableau de ta position.

Tu comprends que moi, ton frère aîné, je ne puis te faire de cadeau, que si j'ai quelque aisance, je la dois au soin que j'ai mis à ne
pas manger mon patrimoine et que, quand je ne puis gagner, par
un travail assidu de huit heures par jour, qui m'a coûté quinze

années d'études, que 1 500 fr., je ne puis donner à mon frère 2 370 fr. pour payer ses folies, ses maîtresses, ses sottises en un mot.

Je t'ai dit que j'avais pour le Général Aupick la plus profonde estime, qu'il t'a élevé comme son fils, que tu es un ingrat envers lui. Tu as frappé à bien des portes pour avoir de l'argent, tout le monde t'a refusé, parce que tu ne trouveras personne jouissant de la raison qui veuille te prêter et se brouiller avec un homme aussi généralement estimé que M. Aupick. Pour moi, je serais d'avis, si tu es *résolu* à te bien conduire, de lui faire l'aveu entier de tes torts. Je t'offre, pour t'éviter la honte, l'humiliation que tu éprouverais, de me charger de tout lui raconter. J'ajoute que, comme il pourrait se plaindre d'avoir à payer pour toi, je contracterais dans ce cas seulement l'obligation de réunir tes créanciers; je te les ferais payer en empruntant sur ce qui t'appartient; mais qu'autrement, comme je ne suis ni un frère de comédie, ni un homme dont on peut se rire en l'abusant, je t'abandonnerai à tous les ennuis des dettes et aux suites qu'elles peuvent avoir.

Réfléchis bien sur ce que tu dois faire. Tu as déjà diminué l'affection du général pour toi, ce qui est très mal à mes yeux. Tu causes de vifs chagrins à ta mère, et tu rendras son existence à venir bien malheureuse. Quant à moi, comme je t'aime bien, je t'invite à réfléchir, à tout avouer, à rompre tes liaisons et à racheter ta conduite passée par un meilleur avenir. Réponds-moi ce que tu auras décidé.

LXXX

À M. BAUDELAIRE

Lundi [1ᵉʳ février 1841].

Tu m'as écrit une lettre dure et humiliante. *Je veux payer moi-même* ce que je dois à mes connaissances. Quant aux fournisseurs, comme je ne puis pas m'en tirer tout seul, je te *supplie* d'en payer deux, deux très pressés : un chemisier, et un ancien tailleur à qui je dois encore 200 fr. et qui *veut* les avoir demain mardi. J'en dois autant au chemisier. Si tu me tires de là, je me tirerai du reste, sans que père et mère le sachent. Si tu ne m'en tires pas, j'aurai demain une rude avanie.

Fais-moi, je t'en prie, cet extrême plaisir.

Tu appelleras encore ceci un griffonnage ; mais je n'ai pas pu faire autrement. Je *suis* chez l'avoué, et j'ai pris un morceau de papier au hasard.

Tu me permettras, je pense, de te payer le dernier de tous, comme étant mon frère, et le moins pressé.

J'allais encore oublier l'adresse de cet homme. M. Laurie, rue Vivienne, 2.

Réponds-moi, je t'en prie, bien vite, pour que je sache ce que je dois faire.

Ceci est la septième lettre que je t'écris. J'ai déchiré les six premières les unes après les autres, et j'ai enfin pris le parti de payer moi-même ce que je dois. Seulement ce sera lent.

Je te renvoie ton livre que j'ai lu et où il y a quelques fadaises.

Je t'embrasse et je suis inquiet.

                                        C. BAUDELAIRE.

LXXXI

DE M. BAUDELAIRE À CHARLES

3 février 1841.

Mon cher Charles,

Je te remercie de m'avoir renvoyé mon livre et je réponds à ta missive qui ne m'est arrivée que ce matin, mercredi, à 9 h 1/2. Que j'eusse désiré t'éviter tous les désagréments qui te poursuivent !

Mais puisque la force des choses t'a mis dans le cas d'avoir la visite de tes créanciers mardi, qui était hier, je ne puis empêcher en recevant ta lettre de lundi, mercredi les désagréments qui te sont survenus. D'un autre côté j'eusse été averti que je ne l'aurais pas pu, car je n'avais pas 25 fr. chez moi ce matin, et 400 ne se trouvent pas comme à la baguette. D'un autre côté je crois t'avoir écrit que je ne voulais pas me brouiller avec le Général en t'aidant à son insu ; et puis tu es toujours le même, tu ne veux pas indiquer le nom et la demeure de tes créanciers ; sur deux, tu en nommes un. Ce n'est pas la peine de recommencer six fois une lettre. En vérité cela a l'air d'une mystification. Je t'ai dit, et je te le répète, donne-moi les noms et demeures de tes créanciers et de tes amis que personne ne peut connaître. Je me charge de faire auprès du Général l'aveu de tes sottises, de te servir de paratonnerre à sa juste colère, et puis, tes sottises avouées, de réunir tes créanciers et d'arriver avec eux à un arrangement qui permette de les payer avec le temps.

Vois et décide s'il vaut mieux se repentir d'avoir follement dépensé son argent que de continuer à manger par avance ce que tu as ; car en tout temps on est obligé de payer ses dettes, intérêts compris, et tu ne seras pas plus qu'un autre exempt de la loi commune. Adieu, mon cher ami.

LXXXII

DE M. BAUDELAIRE A CHARLES

30 avril 1841.

Mon cher Charles,

J'ai reçu ton petit mot par lequel tu m'annonces un prochain départ [1]. Tu me dis que l'on a trouvé que tu menais une mauvaise vie à Paris.

J'ai en effet peu de compliments à te faire sur cette partie de ton existence. Tu présentais à ta sortie du collège l'aspect d'un jeune homme accompli. Nos plus chères espérances, celles de te voir devenir un homme de mérite et de te voir faire un beau chemin, commençaient à s'accomplir. Pour toi, tu entrais dans le sentier de la vie par une de ces portes ornées de roses qui conduisent au bonheur. Mais il a fallu que tu fusses arrêté en chemin par une mauvaise camaraderie. Devenu jeune homme, tu n'as pas cru que l'affection du Général te fût sincère. Tu t'es laissé entraîner par des amis que tu fréquentais et que tu n'osais produire à raison de leur tenue et de leurs goûts. Enfant, tu étais d'un commerce charmant; jeune homme, tu es devenu difficile, soupçonneux, toujours prêt à te rebeller quand on ne voulait que t'imposer un frein salutaire. Tes camarades t'ont conduit chez des femmes, et tu as cru que ces femmes, parce qu'elles avaient le tort de céder à de la misère et au désir du libertinage, devaient être des modèles de la vie dans l'état de liberté. Tu t'es endetté pour soutenir, nourrir, vêtir quelque *drôlesse,* expression dont tu t'es servi et qui me paraît fort juste. Tu as changé cet enfant plein d'espérances en un jeune homme exalté, ne vivant que pour un jour, sans songer au lendemain, brisant tous les liens de société; rompant avec les mœurs, avec les usages, tu t'es constitué en état d'hostilité avec ceux qui, te paraissant plus âgés, ne pouvaient voir ta manière de vivre du même point de vue que toi.

Aujourd'hui tu reconnais ton erreur. Tu comprends que ta mère, que le Général, que ton frère t'aiment; que pour eux ta conduite devait être une cause d'affliction. Tu vas en changer. T'isolant de ceux qui te menaient à ta perte, tu vas conquérir non pas de nouveaux titres à notre amitié – elle t'a toujours suivi dans tes travers –, mais de nouveaux titres à l'estime des hommes. Tu vas secouer la fange qui t'entourait, et libre d'obsessions de tous les jours, confiant dans notre bonne amitié, tu changeras ces causes de chagrin en causes de plaisir. Songe combien ta mère était fière de tes succès au collège, combien tes prix dans une bibliothèque attestaient ta capacité. Tes succès de collège, tu les as méprisés; tes prix, tu les as vendus. Je voudrais à ta place rejeter loin de moi cette conduite passée, et prenant sur moi-même, avec moi-même, dans l'intérieur de ma conscience, une détermination énergique, rejeter au loin ce passé qui t'a dégradé de ta dignité d'homme de mérite, et faire voir que si j'ai eu quelques moments d'oubli, si j'ai été entraîné par de mauvaises gens, par des têtes sans cervelle, par des hommes sans cœur qui flétrissaient ce beau nom d'ami, je puis encore par l'énergie de mon travail, par ma bonne conduite, par un désir sincère de devenir un homme de mérite, contenter et ma mère, qui a tant souffert, et le Général, qui t'aime comme son fils, et ce frère qui guida tes premiers pas, qui, séparé longtemps de toi par la nécessité de ton éducation, te voyait grandir avec orgueil, et aurait été si heureux de te présenter à tous ceux qui le connaissent, qui l'estiment, qui l'entourent d'une amitié dont chaque jour il reçoit des marques, comme un homme supérieur par sa bonne éducation, distingué par ses bonnes manières, éminent par sa capacité.

Songe, ami, que n'importe quelle carrière que tu prennes, mes vœux te suivront partout, que tout le monde t'offrira la main pour t'élever, mais que personne ne voudra la tremper dans la fange pour t'en retirer. Profite donc de la ferme résolution que tu as prise, deviens un homme sérieux. Ecris souvent à ton frère, non des lettres de trois lignes écrites avec impatience, mais de ces bonnes lettres longues et réfléchies qui prouvent qu'elles sont dictées par l'âme. Surtout n'oublie jamais que ta mère, que le Général, que ton frère n'ont qu'une même pensée, un même désir, celui de faire de toi un homme, et que tes fautes passées s'oublieront d'autant plus vite que tu auras plus réfléchi sur l'absurdité des doctrines de ceux qui t'ont entraîné. Adieu, frère. Ecris-moi souvent. Un frère aîné est un ami sûr, sur les conseils duquel on doit toujours compter et dont l'attachement sincère ne peut être révoqué en doute.

LXXXIII

À MADAME AUPICK

[en mer] *Mercredi 8 juin 1841* [1].

Ma chère et bien-aimée maman, pardonne-moi le décousu de ma lettre ; je suis pris au dépourvu ; nous avons un tel vent qu'avant une heure nous serons en pleine mer et que le pilote va nous quitter.

Tous tes envois m'ont fait rire. On a dépensé moins qu'on ne demandait pour mon départ; mais je m'en serais mieux tiré tout seul pour l'achat de ces vêtements.

Le Capitaine est admirable. Bonté, originalité, instruction.

Envoie ceci à Maublanc.

Fais cadeau à *Louis* [2] de mon *Robinson Crusoë*. Je le désire.

Je ne veux pas que tu m'écrives de lettres comme la dernière. Il faut qu'elles soient gaies. Je veux que tu manges bien et que tu sois contente en pensant que je suis content. Car c'est vrai. Ou à peu près.

Par la prochaine occasion, j'écrirai au général. Je te l'ai dit, je suis pris au dépourvu. Nous avons déjà un tangage assez fort.

Il y a peut-être bien des choses que j'oublie de te dire, mais on s'en dit beaucoup dans un grand embrassement, et je te le donne de tout mon cœur.

Dans la lettre pour Maublanc, il y en a d'autres. Aie soin que cela lui soit remis.

Le capitaine Saliz te fait mille politesses et te promet un bon voyage. Nous, nous allons fort bien tous les deux et le beau temps le rend gai.

CHARLES.

A Bourbon je t'en écrirai long, un cahier.

LXXXIV

À M. AUPICK

[*Bordeaux*] *16 février* [*1842*].

Me voici revenu de ma longue promenade. Je suis arrivé hier soir, parti de Bourbon le 4 novembre. Je ne rapporte pas un sou *et j'ai souvent manqué des choses nécessaires.*

Tu sais ce qui nous est arrivé en allant [1]. Le retour, pour être moins extraordinaire, a été beaucoup plus fatigant ; toujours des gros temps et des calmes.

Si je t'écrivais tout ce que j'ai pensé et imaginé loin de vous, le cahier de papier ne suffirait pas ; donc je te le raconterai.

Je crois que je reviens avec la sagesse en poche.

Je partirai, je pense, demain. Ainsi je vais t'embrasser dans deux ou trois jours.

C. BAUDELAIRE.

LXXXV

À MADAME AUPICK

[*Octobre 1844*] [1].

Il ne faut pas oublier mon loyer [2].

Il faut que je vous avertisse d'avance, pour vous empêcher de commettre une maladresse qui est tout à fait

de votre caractère. Le parti pris ordinaire de vos habitu-
des brutales doit vous porter à avertir tous les gens à qui
je dois – même les porteurs d'eau – que je suis doué
d'un tuteur – de même qu'autrefois votre instinct de
mère vous avait fourni l'heureuse idée d'apprendre à un
tailleur que j'avais 1 200 ou 1 800 livres de rentes.

De pareilles humiliasseries sont parfaitement inutiles.

A quoi bon, pour prévenir des dettes – fort inutiles
maintenant – avertir tout le monde que votre fils n'a
plus le droit de vouloir ? D'ailleurs, quant aux billets,
vous savez que tous les gens d'affaires se connaissent et
qu'une circulaire doit avertir tous les notaires et les
avoués de Paris de mon aventure ; et d'ailleurs comment les payer ?

Je vais écrire les mêmes choses à M. Ancelle, à qui
vous avez sans doute donné des instructions policières
et maternelles toujours suggérées par le comble de
l'amour.

C. B.

LXXXVI

À LA MÊME

[*fin 1845 ?*] [1].

Il paraît que vous ne voulez pas me voir. Vous ne
m'aimez même pas assez pour cela. Mais moi qui ai
besoin de vous voir, je vais m'habiller ; si je ne vous
trouve pas chez vous entre midi et deux heures, *vous ne
me verrez plus.*

Est-ce clair ?

B. D.

LXXXVII

À LA MÊME

[*fin octobre 1847*].

Ayez l'infinie obligeance d'écrire de suite à M. Ancelle pour le prier de m'avancer 60 ou 70 francs au plus en dehors de mes comptes habituels. Car vous savez qu'il désire d'habitude un assentiment de votre part dans ces cas-là. Il y a quelques jours déjà, ayant besoin de livres et me sentant malade – mes ulcères à la gorge et au larynx ont reparu –, je suis allé chez lui. Il ne m'a pas donné suffisamment, et entre le médecin, le pharmacien et les livres, ce sont les livres que j'ai choisis. Aujourd'hui les douleurs augmentent, et j'ai présumé que vous voudrez bien lui écrire un mot pour que cela ne fasse pas de difficulté.

Lors de mon déménagement de la place Vendôme [1] je n'ai pas retrouvé parmi mes dessins et mes portraits *le vôtre* [2]. Malgré nos dissensions et toutes les choses amères qui nous ont séparés, croyez que je tiens fort à ce portrait. Parlez-en *à Julien* et qu'il le tienne à ma disposition ; je l'enverrai prendre ces jours-ci ; car le 15 du mois prochain je ferai meubler un petit appartement.

CHARLES.

LXXXVIII

À LA MÊME

Mercredi 9 juillet 1851 [1].

Ma chère mère,

Tu m'as demandé de t'écrire avant ton départ un mot, quelques mots qui te témoignassent sans doute d'un état d'esprit satisfaisant et aussi de mes sentiments vis-à-vis de toi [2]. Tu désires sans doute avoir avant de partir une espèce de garantie de sécurité. Je vais te la donner assez complète, je présume.

Tu t'es sans doute aperçue de l'infini plaisir que j'ai éprouvé à te revoir. Je te l'avoue, je n'y aurais pas cru moi-même. Je m'attendais à un accueil froid et inquisitorial. Je m'étais raidi à l'avance. Tu m'as tout à fait désarmé et tu m'as inspiré une pleine confiance pour l'avenir [3]. Fais tout ce que tu pourras, tout ce que la prudence et les médecins te suggéreront pour conserver ta santé, afin que tu puisses jouir des minimes plaisirs que je me propose de t'offrir en dédommagement de tant d'ennuis, de chagrins et d'inquiétudes.

Non seulement dans mon intérêt propre, mais aussi dans le but de te donner une satisfaction légitime, je te promets de ne me permettre jamais aucun de ces désordres qui troublent si gravement la santé, l'Esprit et la fortune. Je te promets de travailler incessamment, non seulement pour acquitter des dettes qui rendent ma situation ambiguë et pénible, mais aussi pour me créer un régulateur journalier qui diminue l'influence de toute la sottise et de la passion qui bouillonne toujours en nous. Je te promets de ne plus faire de dettes. Quant aux anciennes, elles seront dures à payer. Toutefois, c'est une œuvre possible. De ce côté, je n'ose pas faire une gageure. Je ne promets que le maximum de mes efforts pour la réussite.

Quant à M. Ancelle, mes rapports avec lui seront désormais réguliers. Je lui dois, c'est un malheur très réparable ; mais je ne lui demanderai plus de complaisances.

Que te dirai-je de plus ? Je ne garde pas copie de cette lettre ; mon expérience est aujourd'hui assez grande et ma raison assez occupée de mes devoirs pour n'avoir pas besoin d'un texte écrit qui me les rappelle.

Je t'écrirai deux fois par mois. Ma première lettre contiendra mon adresse nouvelle. Si tu avais le temps ce soir de m'adresser quelques mots par la poste, envoie cela à Neuilly, avenue de la République, 95, où je rentrerai ce soir, pour la dernière fois sans doute.

Je t'embrasse de tout mon cœur.

CHARLES.

Cependant, si tu es très occupée, ne fais pas de cela un devoir.

C. B.

Regarde une note que je viens d'ajouter à la quatrième page du compte que je te renvoie.

C. B.

LXXXIX

À LA MÊME

Vendredi 6 juin 1856.

Ma chère mère, je suis obligé de violer aujourd'hui la règle que vous m'avez imposée et que je me suis imposée à moi-même : vous ne savez peut-être pas que, bien que je sois obligé de garder jusqu'au terme prochain mon logement de la rue d'Angoulême, je ne l'habite plus. J'aurai une adresse sérieuse lundi ou mardi au plus tard. On vient de réimprimer 3 000 exemplaires de mon petit volume [1]. Ce qui va me permettre de toucher quelque argent, et, pour avoir ce repos tant désiré, je vais payer toutes mes dépenses d'un mois *d'avance*. Je ne peux voir M. Lévy que lundi. Je vous aurais une grande reconnaissance si vous pouviez remettre à cette personne 25 fr. qui me permettront de faire mes courses et mes affaires jusque-là. Je souffre beaucoup de la mauvaise humeur que je vais vous causer, mais je voudrais ne pas *m'exposer à Ancelle* aujourd'hui. D'ailleurs je suis accablé de courses.

Le troisième volume de Poe sera fini et *payé* à la fin du mois sans doute – payé comptant, donnant donnant, je n'ai pas pu obtenir mieux [2].

Vous me feriez plaisir de faire attention mercredi prochain ou mardi (car actuellement les journaux paraissent le soir) à un grand feuilleton sur moi au journal *Le Pays,* fait par un écrivain d'une haute distinction. Cela vous fera sans doute plaisir de voir des lignes honorables pour moi. Cela arrive rarement.

Mais ce n'est pas tout. Il y a bien des choses que vous pouvez deviner, sans que je vous les dise. J'ai le cœur gros, gros de mille choses. Voici la quatrième fois que je vous supplie de me permettre de vous embrasser. Je ne comprends pas quelle raison vous fait vous obstiner à me refuser. Je vous demande cela sans vous donner d'explications ; je vous le demande comme un homme fatigué, blessé demande un plaisir, un réconfortant, un cordial.

Ne pourriez-vous pas me donner un rendez-vous chez Mme Trolley, à telle heure qu'il vous plaira – aujourd'hui ? Je saurai m'y trouver [3].

La personne qui vous remettra cette lettre reviendra me trouver tout à l'heure. C'est la domestique de l'auteur de l'article que je vous ai annoncé tout à l'heure, et chez qui je suis ce matin.

Je vous embrasse avec une grande tristesse.

CHARLES.

Je n'ai pas besoin de vous dire que l'aventure de ce matin (les 25 fr.) est une véritable excentricité, une exception, qui ne vous annonce rien de désagréable pour l'avenir.

XC

À LA MÊME

29 oct. 58 [1].

Ma chère mère, je suis, comme je te l'ai dit, émerveillé de l'activité et du soin que tu déploies pour moi.

Mais vraiment ne pousse pas le zèle jusqu'à la *soupape*.
Je crains que cette invention moderne ne soit déplora-
ble. Quand on veut dégager une chambre de fumée, on
ouvre la fenêtre. D'ailleurs il est fort possible que je ne
fume que dans le jardin et après les repas. Je suis en
train de faire une nouvelle caisse, et je t'embrasse.

CHARLES.

Dépense inutile pour abîmer peut-être un plafond.

XCI

À LA MÊME

[fin avril 1860].

Ma chère mère,

Je n'ai pas de réponse du Cousinet [1]. Il est évident
qu'il faut ne pas sacrifier les 300 fr. en faveur du billet
du 12, car sachant que l'argent de son billet a été
rassemblé, il peut le réclamer.

Je t'en prie, dis-moi ce qui est advenu du billet du 12
(300. le *dernier*) et si tu en as des nouvelles. Il ne
faudrait payer celui-là qu'à la condition que je
t'écrivisse : j'ai l'argent du *Constitutionnel,* – parce
qu'alors il n'y aurait pas de danger à changer l'emploi
de l'argent.

Je ferai ce que tu voudras relativement à Alphonse.

Je t'en prie, ménage-moi donc les reproches. Songe
donc que depuis tant, tant d'années, je suis sans cesse

au bord du suicide. Je ne te dis pas cela pour t'effrayer ; car je me sens malheureusement condamné à vivre ; mais simplement pour te donner une idée de ce que j'endure depuis des années qui pour moi ont été des siècles.

Et surtout rappelle-toi bien que je t'aime infiniment, que je suis pour toi plein de reconnaissance, et que je voudrais de tout mon cœur te rendre heureuse.

Si tu savais combien j'aurais de talent, et de souplesse, et de douceur dans le caractère, et même peut-être de gaîté, si j'étais débarrassé de tout ce qui m'accable depuis dix-neuf ans !

Je t'embrasse.

CHARLES.

XCII

À LA MÊME

Lundi soir [*février 1862*].

Chère maman,

Aussitôt que tu recevras cette lettre, monte dans mon cabinet, cherche les œuvres d'Edgar Poe (le dos est vert olive), prends le *quatrième volume,* informe-toi du moyen le plus rapide (*poste* ou *chemin de fer* ? Je crois que c'est la poste ; mais la poste n'admet pas les paquets fermés) et envoie-le-moi tout de suite. Cet exemplaire de Poe me coûte un prix fou, c'est te dire qu'*il faut que ce quatrième volume soit enveloppé de telle façon que le trajet ne puisse l'abîmer en aucune façon.*

Il y a huit jours j'ai demandé un exemplaire vulgaire à Londres. Il y a quatre jours que c'est arrivé à Paris, et la sottise de la douane ou du ministère retient le livre dont j'ai besoin depuis huit jours pour gagner *immédiatement* 200 francs.

J'attends le livre après-demain, le livre envoyé par toi. Si j'attendais plus longtemps que la douane voulût bien me livrer mon exemplaire, je perdrais le prix promis de mon article.

Quatrième volume. Fais bien attention. C'est pour un article intitulé l'*Automate joueur d'échecs.*

Il est six heures.

Je ferai en sorte de te raconter demain tout ce qui m'est arrivé. Il y a du désolant et du consolant. Je t'embrasse et je crois que nous nous verrons en mars.

Il y a eu jeudi dernier une tentative d'élection à l'Académie. Treize tours de scrutin, et aucun résultat.

Je viens de retirer ma candidature pour le fauteuil du Père Lacordaire [1]; je t'assure que j'agis sagement; *je sais maintenant* que je serai nommé, mais quand? Je ne le sais pas.

Je t'embrasse et je te regarde comme mon seul salut et mon seul amour.

CHARLES.

Protège bien surtout les coins et les angles du volume.

Recommande la grande vitesse, la plus grande.

XCIII

À LA MÊME

3 janvier 1863.

Pauvre chère maman !

Tu n'as pas deviné que si je ne t'avais pas écrit exactement au 1er de l'an, c'est parce que je voulais t'envoyer des étrennes et que je ne le pouvais pas. Si ma grande affaire avait réussi, je t'aurais rapporté 5 000 fr. et de quoi refaire ton boudoir. Quant à ton envoi de ce matin, j'ai été stupéfait, honteux. Mais vraiment tu es extraordinaire. Tu m'envoies d'abord deux lettres très dures, très amères (la justice froide n'est pas ton fait), et puis voilà encore des cadeaux. Tu mêles ainsi les caresses aux coups. Mais d'où tires-tu tout cet argent ? C'est donc le résultat de privations qui me sont inconnues ? C'est dur à penser ; c'est humiliant ; pour moi qui manque toujours d'argent, c'est quelque chose d'inexplicable que cette fécondité de charité.

Chère mère, tu t'ennuies bien. Nous nous verrons dans le milieu du mois ; je veux aller chercher des traités qui sont restés je ne sais où dans mes énormes paperasses. Car je ne renonce pas à mon affaire. En deux mots, voilà la chose : j'ai voulu d'un coup 25 000 francs en échange de *l'aliénation totale, absolue, à tout jamais* de mes droits d'auteur sur mes œuvres, telles qu'elles sont actuellement, c'est-à-dire

10 vol. (5 vol. de Poe; j'en ai ajouté 2 nouveaux; et 5 vol. de moi, *Fleurs, Paradis, Poèmes en prose* et *2 volumes de critique*). Tu devines sans doute que le conseil judiciaire était pour quelque chose dans cette opération (un infâme petit journal n'a-t-il pas osé y faire récemment allusion !).

En somme mon idée était légitime, puisque je n'ai pas d'enfants. Jamais tous les 500 fr, les 300 et les 200 fr. possibles ne vaudront une grosse somme payée d'un coup. 1 000 fr. valent beaucoup plus que 10 fois 100 fr.

Mes amis disent qu'il est très heureux que je n'aie pas réussi, parce que mes œuvres valent beaucoup plus et qu'il ne faut jamais vendre l'imprévu, l'inconnu et le possible. Mais ceux-là en parlent bien à leur aise. Ils sont riches, prudents, n'ont pas de dettes et peuvent attendre.

Un libraire m'a offert 2 000 fr. pour *une seule édition* des *Fleurs* et des *Poèmes*. Mais je voulais imposer les 5 vol. de moi et vendre pour toujours. J'ai refusé fièrement, il s'est trouvé offensé; et pour tout avouer, je m'en mords un peu les doigts.

Quant à Michel Lévy, il s'est conduit comme un cuistre, surtout quand il m'a vu à sa merci. Il m'a offert l'aliénation de la propriété, comme pour le *Poe*, moyennant une petite rente irrégulière, basée sur la vente successive. Je lui ai tourné le dos.

Et maintenant je cherche à placer les 5 volumes chez l'un et chez l'autre. C'est le contraire de ce que je voulais faire. Cettte dissémination a des inconvénients.

Quant à l'affaire Malassis, qui t'inquiète, sois tranquille. Je sortirai de la discussion tout à fait pur, cela dût-il me coûter énormément. Je ne peux remplir pour toi dix pages de détails fatigants.

Ne pouvant pas vendre à perpétuité et contraint de ne vendre que pour un temps limité, je voudrais pouvoir ramasser assez d'argent pour le partager entre toi, Malassis et moi.

Mais réussirai-je, et dans quelle mesure ? Dimanche prochain il y aura une solution pour deux volumes. Mais sera-t-elle bonne ? Que puis-je faire de 1 000 fr. par exemple ? Et les trois autres volumes ? Supplice, toujours le supplice !

Tu es peut-être étonnée de la facilité avec laquelle j'accepte ton cadeau, malgré les 23 000 fr. que je te dois. J'ai eu d'abord envie de te les renvoyer. Mais un mot va t'éclairer sur ma conduite : ayant cet argent en poche, j'ai couru chez un imprimeur à qui j'avais emprunté une fois 50 fr. et contre qui je vais être obligé de déposer chez un juge. C'était pour moi une obsession de penser qu'un homme contre qui je dois faire une déposition pouvait dire : « M. Baudelaire qui dépose contre moi est mon obligé. » Quel fouillis, quel chaos que la vie ! Et quelles situations bizarres !

Je t'aime et je t'embrasse de toutes mes forces. L'heure presse ; j'ai dû sauter des mots et des ponctuations.

Si tu as bien compris ma lettre, tu dois voir qu'il m'est impossible de te rejoindre immédiatement. J'irai te voir en Janvier, 15 ou 20, et si tout tourne bien, j'irai faire à Honfleur quatre nouveaux volumes.

Certainement je voudrais bien faire avec toi une longue flânerie dans Paris et *autour* de Paris. Mais hélas ! je voudrais tant payer.

Je t'aime bien et te supplie d'être indulgente. Parle-moi de ta santé. Veux-tu du bon thé ? Je ne peux pas t'offrir autre chose pour le présent.

CHARLES.

Il y a quinze mois que nous ne nous sommes embrassés, et j'ai tous mes cheveux gris, à ce point que je
pense à les poudrer pour les rendre blancs. Ne ris pas de
moi en voyant ces fatuités de vieillard.

XCIV

À LA MÊME

8. Vendredi. Janvier 64.

Ma chère maman,

Je t'ai su autant de gré de ta bonne intention que si tu
avais réussi à m'envoyer 25 000 fr. Mais tu m'avoueras
que tu as l'esprit tourné au bizarre. Il y a des chemins
de fer et des mandats de poste ; mais c'est sans doute
trop simple. Le timbre-poste n'est accepté comme
argent que dans le cas d'appoint, d'appoint très petit
entre négociants. Je crois bien qu'un marchand de tabac
consentirait à échanger des *cigares* contre des timbres,
parce qu'il est chargé de vendre les deux ; encore, comme
il est marchand, c'est-à-dire voleur, et comme le bénéfice
autorisé sur les timbres est moindre que celui sur les
cigares, il ne livrerait sans doute que 20 fr. de cigares
pour 25 de timbres. Et enfin pourquoi acheter des *cigares
français*, puisque la *douane belge* me ferait payer un
droit d'entrée considérable ? Mes cigares me reviennent
alors à un prix excessif. Cependant je garde tes timbres.
Je m'en servirai. Et puis c'est un curieux échantillon de
tes bizarreries. Quant au pâté, je n'y ai rien compris.

Es-tu satisfaite de mes explications ? Je te les envoie parce que tu me dis que tu es inquiète. Et je t'embrasse.

CHARLES.

XCV

À LA MÊME

[*Bruxelles*], *Mardi 8 novembre [1864]*.

Ma chère mère, je t'en prie, fais-moi savoir de tes nouvelles. Je suis inquiet de toi.

As-tu reçu une lettre de moi le 4 novembre au soir ? Quand même tu n'aurais rien à me dire, écris-moi ; j'ai un besoin perpétuel de te lire. Réellement je suis inquiet. Si tu étais malade, il faudrait me le dire tout de suite.

CHARLES.

NOTES

I

(1) Claude-Alphonse Baudelaire (1805-1862), demi-frère du poète, avait épousé en 1839 Anne-Félicité Ducessois. Il n'en aura qu'un fils, Edmond, qui naîtra en 1833 et mourra à vingt et un ans de la fièvre typhoïde. Mme Alphonse Baudelaire avait un jeune frère, à peu près du même âge que Charles : Théodore, souvent nommé dans ces lettres.

(2) Le lieutenant-colonel Aupick avait été nommé chef d'état-major de la 7e division militaire le 7 décembre 1831, et sa famille se disposait à le rejoindre à Lyon.

III

(1) Les dates mises entre crochets [ ] ne sont pas de la main de Baudelaire, mais sont données par les cachets postaux. Le cachet postal de cette lettre porte : 3 mars 1832.

(2) Charles a écrit *Châlons*. Mais il s'agit vraisemblablement de Chalon-sur-Saône.

IV

(1) Charles a écrit deux pages. Sa mère en a ajouté une autre.

(2) Charles est élève de sixième à la pension Delorme.

(3) Le père de Baudelaire avait laissé à son fils de vastes terrains à Neuilly-sur-Seine, qui seront vendus plus de 70 000 francs en 1843.

(4) En 1832, une terrible épidémie de choléra fit 18 000 victimes à Paris (dont le président Casimir Perier).

VI

(1) La première partie de la lettre est de la main de Mme Aupick. Le cachet postal porte : Lyon, 3 juillet 1832.

(2) Jean-Claude Naigeon (1753-1832), peintre, élève de David. Il était fort lié avec la famille Ducessois. Son fils, Jean-Guillaume (1797-1867), fit en 1836 un beau portrait de Mme A. Baudelaire.

VIII

(1) C'est donc dès octobre 1832, et non, comme on l'a cru, en 1833, que Charles est rentré comme pensionnaire au Collège royal de Lyon.

(2) M. Labie était un notaire de Neuilly dont l'étude fut reprise par M. Ancelle qui sera, en 1844, désigné comme conseil judiciaire de Baudelaire.

IX

(1) Le cachet postal permet de rectifier une erreur de Charles ; il porte : Lyon... *septembre* 1832. Charles avait écrit *décembre*.

XI

(1) M. Olivier, conseiller à la cour, et son épouse s'étaient liés d'amitié avec la mère de Charles, leur voisine dans la maison de la rue Hautefeuille où le poète vit le jour.

Le docteur Orfila était doyen de la faculté de médecine de Paris.

XII

(1) Cachet postal : Lyon, 30 décembre 1832.

(2) La signature est bien *Carlot.* La *Correspondance générale* offre une lettre du 22 novembre 1833 signée, d'après le lecteur, d'un *Carlos* qu'une note présente comme un « hispanisme », réminiscence d'*Hernani* ; ne s'agirait-il pu d'une mauvaise lecture ?

XIV

(1) Cachet postal : Lyon, 12 mars 1833.

XV

(1) Il est évident qu'il faut entendre « le pion ».

XVI

(1) Lyon, hostile au gouvernement de Louis-Philippe et émue dès 1831 de graves crises sociales, recommençait à s'agiter. Cela devait aboutir à l'insurrection d'avril 1834, écrasée par le général Aymard.

XX

(1) Le cachet postal permet de corriger une étourderie de Charles ; il porte : Lyon, 26 février *1834*. Charles avait écrit *1833*.

XXV

(1) Le voyageur et naturaliste Levaillant (1753-1824) était le grand-oncle de Charles Baudelaire ; celui-ci l'en souviendra pour se recommander de lui dans une lettre au ministre des Beaux-Arts en vue d'obtenir une indemnité littéraire (en 1863).

XXXII

(1) La lettre est écrite de Paru où M. Aupick, nommé chef d'Etat-major de la Ire division militaire, était revenu, avec sa femme et son beau-fils.

XXXIII

(1) Allusion à la blessure au genou que M. Aupick avait reçue à la bataille de Ligny (1815) et qui devait le faire souffrir durant toute sa vie.

XXXIV

(1) C'est justement cette année-là que Charles obtint au Concours général le deuxième prix de vers latins sur le sujet « Philopoemen aux Jeux néméens ». (Voir le billet XXXIX.)

XL

(1) Le deuxième prix de vers latins au Concours général.

(2) A. Baudelaire venait d'être nommé substitut du procureur du roi à Fontainebleau.

XLI

(1) Suites de la chute de cheval rapportée dans la lettre précédente.

L

(1) Mme Aupick accompagnait son époux aux eaux de Barèges.

LII

(1) Jean-Louis Emon, militaire, était grand ami de M. Aupick et, à la mort de celui-ci, sera seul, avec Mme Aupick, à figurer sur le faire-part. Le poète et lui se heurteront fortement.

LIII

(1) Epouse d'un avoué à la Cour royale, ami de la mère de Charles, témoin à son second mariage, présent au conseil de famille de 1844. Il semble être resté toujours en bons termes avec le poète à qui plus d'une fois il donna de sages avis et rendit de bons offices.

LV

(1) Le Baudelaire des *Salons* ne donnera plus son approbation à Horace Vernet ; à plusieurs reprises il parlera de ce peintre avec une colère et un mépris singuliers : il déclarera *haïr* cette « antithèse absolue de l'artiste » et écrira : « Il substitue le *chic* au dessin, le charivari à la couleur et les épisodes à l'unité. »

Il sera très sévère aussi pour les Scheffer ; s'agit-il dans cette lettre d'Ary Scheffer ou de son frère Henry, tout deux peintres ? L'un se verra traiter de « singe du lentement » et de « Girondin de l'arc » ; la manière de l'autre recevra cet éloge perfide : « Probité, minutieuse et aveugle ; conscience, patiente et monotone. »

L'écolier pouvait d'autant mieux remarquer le tableau de Regnault qu'il voyait chez lui le portrait de son père par cet artiste ; Charles conservera cette toile toute sa vie (« ce malheureux portrait, accoutumé comme moi aux déménagements »).

LVI

(1) On peut encore lire dans une lettre à Champfleury, de 1834, une allusion méprisante aux « grosses machines d'Eugène Sue ».

(2) Est-il besoin de rappeler les vers que le jeune poète adresse à Sainte-Beuve, où il évoque sa lecture charmée de « l'histoire d'Amaury », sans cesse reprise :

> *J'ai partout feuilleté le mystère profond*
> *De ce livre si cher aux âmes engourdies...*

Et la lettre à Sainte-Beuve de janvier 1862 où Baudelaire se proclame toujours « l'amoureux incorrigible de *Volupté* » ?

Quant aux vers de Victor Hugo, l'élève Baudelaire en avait toujours quelques-uns sur les lèvres, comme en témoignent ses camarades de collège.

LX

(1) On s'accorde pour dire que c'est de ce voyage dans les Pyrénées que Baudelaire a rapporté les strophes d'*Incompatibilité*.

LXIII

(1) Charles Lasègue devait quitter les lettres pour la médecine. Il devint un aliéniste fort estimé, que Mme Aupick songea à consulter lorsque Charles fut frappé par l'aphasie.

LXIV

(1) On a beaucoup disputé sur les motifs qui ont fait renvoyer Charles du lycée ; ils restent obscurs. Un condisciple a fait allusion à une « amitié particulière ». On peut penser, d'après la lettre LXV, que les termes du billet confisqué prêtaient en effet à équivoque et étaient susceptibles d'interprétation maligne.

Charles fut remis entre les mains de M. Lasègue, le répétiteur qu'il demandait à son beau-père de lui donner (lettre LXIII), qui se chargea d'achever sa préparation au baccalauréat.

LXVI

(1) A Bourbonne-les-Bains, où M. Aupick soignait ses douleurs.

LXVII

(1) En mai 1839, le parti révolutionnaire tenta une émeute (à la suite de laquelle Barbès et Blanqui furent arrêtés).

LXX

(1) Après son renvoi de Louis-le-Grand, Charles avait été mis chez M. Lasègue et inscrit au lycée Saint-Louis.

LXXI

(1) M. Aupick venait d'être promu maréchal de camp (général de brigade). Et, le 12 août, Charles avait obtenu le grade de bachelier ès lettres.

LXXII

(1) Peut-on dater de cette affection vénérienne de 1839 les débuts de la syphilis qui a miné Baudelaire et l'a conduit à la mort ?

LXXVII

(1) Charles eut l'intention de fréquenter la Faculté de droit et prit ses quatre inscriptions en première année de licence, le 2 novembre 1839, le 18 janvier, le 15 avril et le 15 juillet 1840. Il ne se présenta pas à l'examen et abandonna ses études à la fin de l'année scolaire 1839-1840.

LXXXII

(1) Baudelaire, à la suite d'une décision prise en conseil de famille, devait s'embarquer sur le *Paquebot-des-Mers-du-Sud* à destination de Calcutta. Le jeune homme refusera d'aller jusqu'aux Indes et reviendra en France après un séjour aux îles Maurice et Bourbon (la Réunion).

LXXXIII

(1) Le cachet postal porte : Royan, 10 juin 1841.
(2) Louis Ducessois, frère de Théodore et de Mme A Baudelaire.

LXXXIV

(1) Dans les parages du cap de Bonne-Espérance, une tempête avait brisé un mât, et pendant cinq jours le navire *roula bord sur bord* et *plongea ses vergues dans l'eau*.

LXXXV

(1) Le 21 septembre 1844, le tribunal civil avait imposé à Charles Baudelaire un conseil judiciaire, en la personne de M. Ancelle, notaire de la famille.

(2) Il s'agit du loyer de l'appartement que Baudelaire occupait depuis mai 1843 dans l'Hôtel Pimodan (Hôtel de Lauzun), 17, quai d'Anjou.

LXXXVI

(1) Après la dation du conseil judiciaire, Charles se met à signer Baudelaire-Dufays, ou des simples initiales B. D. Le nom de jeune fille de la mère du poète était Archimbaut-*Dufaÿs*.

Ce billet est difficile à dater ; on peut, d'après l'écriture et le ton, le placer au moment de la crise de 1845.

LXXXVII

(1) Baudelaire, après son « suicide » du 30 juin 1845, était revenu habiter quelque temps auprès de sa mère et de son beau-père qui demeuraient place Vendôme, n° 7, à l'Hôtel de la place, depuis qu'en 1842 le général avait pris le commandement de la place de Paris et du département de la Seine.

(2) Vraisemblablement la miniature que Charles avait dans son appartement de l'Hôtel Pimodan.

LXXXVIII

(1) On a conservé un billet du même jour, écrit après cette lettre, et l'annonçant en ces termes : « J'ai jugé à propos de t'écrire un mot ce matin, parce que j'ai présumé que tu me croyais assez négligent pour t'oublier. »

(2) Mme Aupick se préparait à rejoindre à Madrid son époux qui venait d'y aller à titre d'ambassadeur.

(3) Mme Aupick revenait de Constantinople (où le général était allé comme envoyé extraordinaire et ministre plénipotentiaire en 1848). En 1868, elle décrit ainsi les sentiments qu'elle avait eus en revoyant son fils : « Lorsque je suis revenue passer deux mois à Paris, entre nos deux ambassades, ... dans quelle cruelle position je l'ai trouvé ! quel dénuement ! Et moi, sa mère, avec tant d'amour dans le cœur, je n'ai pu le tirer de là ! »

LXXXIX

(1) Les *Histoires extraordinaires* de Poe, mises en vente en mars dans la collection Michel Lévy à un franc.

(2) Ce « troisième volume de Poe » est constitué par les *Aventures d'Arthur Gordon Pym*. Il ne paraîtra qu'en 1858.

(3) Mme Trolley était la sœur de M. Ancelle.

XC

(1) A ce moment, le poète se disposait à partir pour Honfleur où, depuis la mort de son époux, Mme Aupick s'était installée, dans ce qu'il appelait la *maison-joujou* (c'est là que Mme Aupick mourra, en 1871).

Sa mère lui faisait aménager une chambre, dans les mansardes, et prenait des dispositions spéciales pour faire évacuer la fumée du tabac. Voir lettre du 31 octobre de la même année : « Laisse donc là ton idée fantastique de soupape. Crains-tu donc que je saute, comme un bateau à vapeur ? »

XCI

(1) Restaurateur, et banquier de certains hommes de lettres, ses clients.

XCII

(1) La lettre de désistement est du 10 février 1862. On peut penser que celle-ci est du même jour. (« Je viens de retirer ma candidature... »)

Dans la collection Les Cahiers Rouges

(Dernières parutions)

Alexis (Paul), **Céard** (Henry), **Hennique** (Léon), **Huysmans** (JK), **Maupassant** (Guy de), **Zola** (Émile)	Les Soirées de Médan
Andreas-Salomé (Lou)	Friedrich Nietzsche à travers ses œuvres
Audiberti (Jacques)	Les Enfants naturels ■ L'Opéra du monde
Audoux (Marguerite)	Marie-Claire suivi de l'Atelier de Marie-Claire
Augiéras (François)	L'Apprenti sorcier ■ Domme ou l'essai d'occupation ■ Un voyage au mont Athos ■ Le Voyage des morts
Aymé (Marcel)	Vogue la galère
Barbey d'Aurevilly (Jules)	Les Quarante médaillons de l'Académie
Baudelaire (Charles)	Lettres inédites aux siens
Bayon	Haut fonctionnaire
Beck (Béatrix)	La Décharge ■ Josée dite Nancy
Becker (Jurek)	Jakob le menteur
Begley (Louis)	Une éducation polonaise
Benda (Julien)	Tradition de l'existentialisme ■ La Trahison des clercs
Berger (Yves)	Le Sud
Berl (Emmanuel)	La France irréelle ■ Méditation sur un amour défunt
Berl (Emmanuel), **Ormesson** (Jean d')	Tant què vous penserez à moi
Bernard (Tristan)	Mots croisés
Bibesco (Princesse)	Catherine-Paris ■ Le Confesseur et les poètes
Bodard (Lucien)	La Vallée des roses
Bosquet (Alain)	Une mère russe
Brenner (Jacques)	Les Petites filles de Courbelles
Brincourt (André)	La Parole dérobée
Bukowski (Charles)	Au sud de nulle part ■ Factotum ■ L'amour est un chien de l'enfer (t1) ■ L'amour est un chien de l'enfer (t2) ■ Souvenirs d'un pas grand-chose ■ Women
Burgess (Anthony)	Pianistes
Butor (Michel)	Le Génie du lieu
Calet (Henri)	Contre l'oubli ■ Le Croquant indiscret
Capote (Truman)	Prières exaucées
Carossa (Hans)	Journal de guerre
Cendrars (Blaise)	Hollywood, la mecque du cinéma ■ Rhum, l'aventure de Jean Galmot
Cézanne (Paul)	Correspondance
Chamson (André)	Le Crime des justes

Chardonne (Jacques)	*Ce que je voulais vous dire aujourd'hui* ■ *Propos comme ça* ■ *Les Varais*
Charles-Roux (Edmonde)	*Stèle pour un bâtard*
Chatwin (Bruce)	*Les Jumeaux de Black Hill* ■ *Utz* ■ *Le Vice-roi de Ouidah*
Chessex (Jacques)	*L'Ogre*
Clermont (Emile)	*Amour promis*
Cocteau (Jean)	*La Corrida du 1er mai* ■ *Les Enfants terribles* ■ *Essai de critique indirecte* ■ *Lettre aux Américains* ■ *La Machine infernale* ■ *Reines de la France*
Combescot (Pierre)	*Les Filles du Calvaire*
Consolo (Vincenzo)	*Le Sourire du marin inconnu*
Cowper Powys (John)	*Camp retranché*
Curtis (Jean-Louis)	*La Chine m'inquiète*
Dali (Salvador)	*Les Cocus du vieil art moderne*
Daudet (Léon)	*Souvenirs littéraires*
Degas (Edgar)	*Lettres*
Delteil (Joseph)	*La Deltheillerie* ■ *Jeanne d'Arc* ■ *Jésus II* ■ *Lafayette*
Desbordes (Jean)	*J'adore*
Dhôtel (André)	*L'Île aux oiseaux de fer*
Dickens (Charles)	*De grandes espérances*
Donnay (Maurice)	*Autour du chat noir*
Dumas (Alexandre)	*Catherine Blum* ■ *Jacquot sans Oreilles*
Eco (Umberto)	*La Guerre du faux*
Ellison (Ralph)	*Homme invisible, pour qui chantes-tu ?*
Fallaci (Oriana)	*Un homme*
Fernandez (Dominique)	*Porporino ou les mystères de Naples*
Fernandez (Ramon)	*Messages* ■ *Molière ou l'essence du génie comique* ■ *Proust*
Ferreira de Castro (A.)	*Forêt vierge* ■ *La Mission* ■ *Terre froide*
Fitzgerald (Francis Scott)	*Gatsby le Magnifique* ■ *Un légume*
Fouchet (Max-Pol)	*La Rencontre de Santa Cruz*
Fourest (Georges)	*La Négresse blonde suivie de Le Géranium Ovipare*
Freustié (Jean)	*Le Droit d'aînesse* ■ *Proche est la mer*
Frisch (Max)	*Stiller*
Gadda (Carlo Emilio)	*Le Château d'Udine*
Galey (Matthieu)	*Les Vitamines du vinaigre*
Gallois (Claire)	*Une fille cousue de fil blanc*
García Márquez (Gabriel)	*L'Automne du patriarche* ■ *Chronique d'une mort annoncée* ■ *Des feuilles dans la bourrasque* ■ *Des yeux de chien bleu* ■ *Les Funérailles de la Grande Mémé* ■ *L'Incroyable et triste histoire de la candide Erendira et de sa grand-mère diabolique* ■ *La Mala Hora* ■ *Pas de lettre pour le colonel* ■ *Récit d'un naufragé*
Garnett (David)	*La Femme changée en renard*
Gauguin (Paul)	*Lettres à sa femme et à ses amis*
Genevoix (Maurice)	*Raboliot*
Ginzburg (Natalia)	*Les Mots de la tribu*

Giono (Jean)	*Colline* ■ *Jean le Bleu* ■ *Que ma joie demeure* ■ *Regain* ■ *Le Serpent d'étoiles* ■ *Un de Baumugnes* ■ *Les Vraies richesses*
Giraudoux (Jean)	*Adorable Clio* ■ *Eglantine* ■ *Lectures pour une ombre* ■ *La Menteuse* ■ *Siegfried et le Limousin* ■ *Supplément au voyage de Cook*
Gordimer (Nadine)	*Le Conservateur*
Goyen (William)	*Savannah*
Guéhenno (Jean)	*Changer la vie*
Guilbert (Yvette)	*La Chanson de ma vie*
Guilloux (Louis)	*Angélina* ■ *Hyménée*
Gurgand (Jean-Noël)	*Israéliennes*
Haedens (Kléber)	*L'Eté finit sous les tilleuls* ■ *Magnolia-Jules/L'école des parents* ■ *Une histoire de la littérature française*
Halévy (Daniel)	*Pays parisiens*
Hamsun (Knut)	*Au pays des contes*
Herbart (Pierre)	*Histoires confidentielles*
Hesse (Hermann)	*Siddhartha*
James (Henry)	*Les Journaux*
Jardin (Pascal)	*Guerre après guerre suivi de La guerre à neuf ans*
Jarry (Alfred)	*Les Minutes de Sable mémorial*
Jouhandeau (Marcel)	*Les Argonautes* ■ *Elise architecte*
Jullian (Philippe), **Minoret** (Bernard)	*Les Morot-Chandonneur*
Jünger (Ernst)	*Rivarol et autres essais* ■ *Le contemplateur solitaire*
Kafka (Franz)	*Journal*
Kipling (Rudyard)	*Souvenirs de France*
Klee (Paul)	*Journal*
La Varende (Jean de)	*Le Centaure de Dieu*
La Ville de Mirmont (Jean de)	*L'Horizon chimérique*
Lanoux (Armand)	*Maupassant, le Bel-Ami*
Laurent (Jacques)	*Croire à Noël*
Léautaud (Paul)	*Bestiaire*
Lenotre (G.)	*Napoléon – Croquis de l'épopée* ■ *La Révolution française* ■ *Versailles au temps des rois*
Levi (Primo)	*La Trêve*
Lilar (Suzanne)	*Le Couple*
Lowry (Malcolm)	*Sous le volcan*
Maeterlinck (Maurice)	*Le Trésor des humbles*
Maïakowski (Vladimir)	*Théâtre*
Mailer (Norman)	*Les Armées de la nuit*
Maillet (Antonine)	*Les Cordes-de-Bois* ■ *Pélagie-la-Charrette*
Malaparte (Curzio)	*Technique du coup d'État*
Malerba (Luigi)	*Saut de la mort* ■ *Le Serpent cannibale*
Mallea (Eduardo)	*La Barque de glace*
Malraux (Clara)	*...Et pourtant j'étais libre* ■ *Nos vingt ans*
Mann (Heinrich)	*Le Sujet!*

Mann (Klaus)	*La Danse pieuse* ■ *Mephisto* ■ *Symphonie pathétique* ■ *Le Volcan*
Mann (Thomas)	*Les Maîtres* ■ *Mario et le magicien*
Mauriac (Claude)	*André Breton*
Mauriac (François)	*Les Chemins de la mer* ■ *Le Mystère Frontenac* ■ *La Robe prétexte* ■ *Thérèse Desqueyroux*
Mauriac (Jean)	*Mort du général de Gaulle*
Maurois (André)	*Ariel ou la vie de Shelley* ■ *Le Cercle de famille* ■ *Choses nues* ■ *Don Juan ou la vie de Byron* ■ *René ou la vie de Chateaubriand* ■ *Les Silences du colonel Bramble* ■ *Tourguéniev* ■ *Voltaire*
Mistral (Frédéric)	*Mireille/Mirèio*
Monnier (Thyde)	*La Rue courte*
Moore (George)	*Mémoires de ma vie morte*
Morand (Paul)	*Air indien* ■ *Bouddha vivant* ■ *Champions du monde* ■ *Rien que la terre* ■ *Rococo*
Mutis (Alvaro)	*La Dernière escale du tramp steamer* ■ *Ilona vient avec la pluie* ■ *La Neige de l'Amiral*
Nadolny (Sten)	*La Découverte de la lenteur*
Naipaul (V.S.)	*Le Masseur mystique*
Némirovsky (Irène)	*L'Affaire Courilof* ■ *Les Mouches d'automne précédé de La Niania et Suivi de Naissance d'une révolution*
Nerval (Gérard de)	*Poèmes d'Outre-Rhin*
Nicolson (Harold)	*Journal 1936-1942*
Obaldia (René de)	*Innocentines*
Peisson (Edouard)	*Hans le marin* ■ *Le Pilote* ■ *Le Sel de la mer*
Penna (Sandro)	*Poésies* ■ *Un peu de fièvre*
Peyré (Joseph)	*Matterhorn* ■ *Sang et Lumières*
Pieyre de Mandiargues (André)	*Le Belvédère* ■ *Deuxième Belvédère*
Ponchon (Raoul)	*La Muse au cabaret*
Poulaille (Henry)	*Pain de soldat*
Privat (Bernard)	*Au pied du mur*
Proulx (Annie)	*Cartes postales* ■ *Nœuds et dénouement*
Radiguet (Raymond)	*Le Diable au corps suivi de Le bal du comte d'Orgel*
Ramuz (Charles-Ferdinand)	*Le Garçon savoyard* ■ *La Grande peur dans la montagne* ■ *Jean-Luc persécuté* ■ *Joie dans le ciel*
Richaud (André de)	*L'Amour fraternel* ■ *La Douleur* ■ *La Fontaine des lunatiques*
Rivoyre (Christine de)	*Boy* ■ *Le Petit matin*
Robert (Marthe)	*L'Ancien et le Nouveau*
Rochefort (Christiane)	*Archaos* ■ *Printemps au parking* ■ *Le Repos du guerrier*
Rodin (Auguste)	*L'Art*
Rondeau (Daniel)	*L'Enthousiasme*
Roth (Henry)	*L'Or de la terre promise*
Rouart (Jean-Marie)	*Ils ont choisi la nuit*
Rutherford (Mark)	*L'Autobiographie de Mark Rutherford*
Sackville-West (Vita)	*Au temps du roi Edouard*
Sainte-Beuve	*Mes chers amis…*

Cet ouvrage a été imprimé
en février 2010 par

FIRMIN-DIDOT

27650 Mesnil-sur-l'Estrée
N° d'édition : 16128
N° d'impression : 98947
Dépôt légal : mars 2010

Imprimé en France

www.ingramcontent.com/pod-product-compliance
Lightning Source LLC
Chambersburg PA
CBHW071214260626
47162CB00004B/1294